남극으로 간 세일즈맨
종신보험 아이스오션을 발견하다

남극으로 간 세일즈맨
종신보험 아이스오션을 발견하다

1판 1쇄 발행 2016년 12월 8일
1판 2쇄 발행 2017년 5월 30일
1판 3쇄 발행 2019년 8월 12일

| | |
|---|---|
| 지은이 | 황선찬 |
| 펴낸이 | 북작 |
| 편집 | 북작 |
| 디자인 | 이재호 디자인 |
| 펴낸곳 | 도서출판 좋은땅 |
| 출판등록 | 제2011-000082호 |
| 주소 | 서울 마포구 성지길25 보광빌딩 2층 |
| 전화 | 02)374-8616~7 |
| 팩스 | 02)374-8614 |
| 이메일 | so20s@naver.com |
| 홈페이지 | www.g-world.co.kr |
| ISBN | ISBN 979-11-5982-547-7(13320) |

가격은 뒷표지에 있습니다.

이 책은 저작권법에 의하여 보호를 받는 저작물이므로 무단 전재와 복제를 금합니다.
파본은 구입하신 서점에서 교환해 드립니다.

## 남극으로 간 세일즈맨
# 종신보험 아이스오션을 발견하다

황선찬 지음

프롤로그

"요즘에도 종신보험에 가입하는 사람들이 있어요?"

영업환경이 어려워지자 고객들이 걱정스럽게 묻는다. 내가 입사했을 때만해도 많은 세일즈맨들이 열정적으로 활동하며 뛰어난 성과를 내곤 했다. 그런데 그 많던 세일즈맨들은 지금 다 어디로 간 것일까? 이 책은 이러한 고민에서부터 시작되었다.

내가 가족들의 거센 반대에도 불구하고 은행에서 퇴직한 후 보험세일즈를 선택한 것은 사망보장에 대한 가치를 느꼈기 때문이다. 지난 16년 동안 사망보장만 바라보면서 종신보험 위주의 세일즈를 해왔다. 그래서인지 언젠가부터 동료들이 내 이름 앞에 '일사(일반 사망)'라는 호를 붙여주었다. 아내는 무섭게 그런 걸 호로 쓴다고 핀잔을 주지만 나는 '일사 황선찬'으로 불릴 때가 가장 자랑스럽다. 그만큼 본업에 충실하게 살아왔다는 징표가 아닐까?

상담을 하다 보면 '죽어야 나오는 보험을 왜 드느냐?', '우린 맞벌이라 괜찮다', '추가로 지출할 여유가 없다' 등등 수많은 거절들과 마주친다. 세일즈 초기에는 거절당하면 의기소침하곤 했다. 하지만 이제는 이상하게 거절당해도 기운이 난다. 왜냐하면 지금은 그러한 거절들 앞에서도 당당하게 종신보험의 가치를 말할 수 있기 때문이다. 스티브 잡스가 말했듯이 거절당하기를 두려워하는 사람은 성공하지 못한다. 내가 지금껏 겪었던 숱한 거절이 오늘의 나를 더욱 단단하게 만들어 주었다.

8년 전 생명보험 업계의 가장 큰 행사인 MDRT(백만불원탁회의) 부산행사 때 3,700명 앞에서 '종신보험의 블루오션'이라는 주제로 대표강의를 했다. 강의 후, 동종업계에서 활동하는 세일즈맨들을 만나서 이야기를 나누었다. 많은 분들이 종신보험 판매가 너무 힘들다고 건강보험, 저축보험 위주로 상품을 팔고 있어서 안타까웠다. 그래서 가장 힘든 곳에 가장 쉬운 길이 숨겨져 있다는 것을 알려주고 싶었다. 올해 초 남극의 바다를 바라보며 보험 세일즈맨들이 어려워하는 종신보험의 판매 원리를 ICE오션으로 정리해야겠다는 다짐을 했다. 그래서 그동안의 강의 자료를 토대로 세일즈맨들이 어려워하는 종신보험 판매 원리를 재미있고(Interesting), 명확하고(Clear), 쉽게(Easy) 느껴볼 수 있도록 그동안의 현장 경험들을 체계적으로 정리했다.

이 책은 종신보험을 전문적으로 판매하는 세일즈맨들을 위한 책이다. 그래서 실제로 내가 현장에서 사용하는 스크립트와 비유, 상담자료 등을 그대로 사용했다. 나아가 보험에 관심 있는 일반 독자들도 쉽게 이해할 수 있도록 재미있는 사례를 많이 곁들였다. 이 책을 통해 많은 세일즈맨들이 종신보험의 진정한 가치를 느꼈으면 한다. 또한 힘든 상황 속에서도 보험가족 여러분들이 경제적으로 안정되고 마음의 평화를 누리기를 기원한다.

아이스오션에 오신 것을 환영합니다.

2016년 겨울 일사 황선찬

# 차례

프롤로그 ·················································································· 4

### PART 1 | 보험의 아이스(ICE)오션 종신보험
1 왜 종신보험인가 ································································· 12
2 변화하는 종신보험 ······························································ 19
3 종신보험이 재산이다 ··························································· 28
4 가치에서 출발하라 ······························································ 37
5 종신보험은 사랑이다 ··························································· 46
6 원하는 것 vs 필요한 것 ······················································· 53
7 종신보험의 아이스(ICE)오션 ················································ 60

### PART 2 | I : 재미있는 종신보험(Interesting)
1 기준을 지키면 슬럼프는 없다 ·············································· 68
2 생각의 속도로 시도하라 ······················································ 75
3 한계를 넘으면 자유가 있다 ·················································· 81
4 출발점에 골인하라 ······························································ 89
5 취미에 정년은 없다 ···························································· 94
6 1%의 고통이 99%의 즐거움을 만든다 ································· 101
7 은퇴를 허락받지 못하는 사람들 ·········································· 108
8 재미있게 소통하는 오감화법 ·············································· 114

### PART 3 | C : 명확한 세일즈 콘셉트(Clear)
1 집을 그리듯이 / 집을 짓듯이 ············································· 122
2 Top down / Bottom up ····················································· 128
3 수익률에 투자 / 시간에 투자 ············································· 134
4 문제에 집중 / 해결에 집중 ················································· 140
5 티칭 / 코칭 ······································································· 146
6 Intelligence / Extelligence ················································· 153

**7** 재무설계 복잡하게 / 간편하게 ·················································· **161**
**8** 처음부터 시작 / 끝에서 시작 ···················································· **168**


### PART 4 | E : 쉬운 세일즈 프로세스(Easy)

**1** 가망고객 발굴 (Prospecting) ···················································· **176**
**2** 전화접근 (Telephone Approach) ·············································· **186**
**3** 초회면담 (Approach) ······························································ **194**
**4** 사실과 느낌의 발견 (Fact & Feeling Finding) ·························· **202**
**5** 판매권유 및 종결 (Presentation & Closing) ····························· **210**
**6** 거절처리 ················································································· **223**
**7** 증권전달 및 선물 ····································································· **233**
**8** 소개 요청 ··············································································· **238**


### PART 5 | 아이스(ICE)오션 실전 사례

**1** 미래의 주인공인 자녀 ······························································ **246**
**2** 완생을 꿈꾸는 미혼 직장인 ······················································ **252**
**3** 세상의 모든 짐을 지고 가는 아빠 ············································· **264**
**4** 보험의 방관자이며 종결자 엄마 ················································ **272**
**5** 몸값에 목숨 거는 전문직 종사자 ·············································· **278**
**6** 독이냐 득이냐 상속증여 자산가 ················································ **284**
**7** 사망 이후를 생각하는 종교인 ··················································· **290**

에필로그 ······················································································ **297**

# PART 1
# 보험의 아이스(ICE) 오션 종신보험

## 1. 왜 종신보험인가

● 종신보험의 필요성

내가 하는 일은 구명조끼를 파는 일과 같다.

날씨 좋은 날 호화 여객선에서 관광을 즐기는 사람들을 한 사람씩 붙들고

"조심하세요! 곧 배가 가라앉을지도 모른다고요!"

하고 외치며 뛰어다닌다. 그러면 사람들은 보통

"재수 없다", "돈이 없다", "나에게 그럴 일은 없다"

고 투덜거린다.

그러나 날씨가 흐려지면서 비가 내리기 시작하면 생각이 달라진다. 폭풍우가 닥쳤을 때가 돼서야 구명조끼를 찾지만 그때는 어디서도 구할 수 없다. 보험 세일즈맨은 배가 침몰하는 것을 막을 수는 없다. 하지만 구명조끼를 미리 준비할 수 있도록 도와줄 수는 있다.

최근까지 나의 친한 친구 4명이 세상을 떠났다. 중학교 친구 2명,

고등학교 친구 1명, 은행 동료 1명이다. 원인은 당뇨합병증 2명, 심장마비, 급성심근경색 각 1명이다. 심근경색으로 사망한 친구는 사망하기 1주일 전에 비슷한 증상으로 쓰러졌던 친구에게 전화해서 조심하라고 충고까지 했다고 한다. 그 친구 사망 소식을 듣고 충고 전화를 받았던 친구가 가장 먼저 달려갔다. 인생은 모를 일이다.

학원을 운영했던 친구는 동창들 사이에서 꽤 성공한 것으로 알려졌지만 최근 학원 운영이 어려워져서 스트레스를 받았는지 갑자기 쓰러졌다. 초등학교 5학년에 다니는 막내를 포함해서 자녀 셋을 두고 세상을 떠났다. 배우자는 자산보다 빚이 많아서 상속포기를 고민했다고 한다.

이 일을 하면서 먼저 하늘나라로 간 친구 4명 모두에게 종신보험 가입을 권유했는데 그중 2명만 가입했다. 나머지 2명 중 한 명은 당뇨로 거절되었고, 다른 한 명은 배우자의 반대로 가입하지 못했다. 종신보험에 가입했던 친구 한 명도 운영하던 학원이 세무조사를 받고 어려워지자 중도에 해지했다. 결국 사망한 네 친구 가운데 한 친구만 종신보험을 끝까지 유지해서 사망보험금을 받았다.

사망을 예측하거나 순순히 받아들이는 유가족은 없다. 하지만 미리 죽음을 준비하면 그만큼 인생을 자신 있고 충실하게 살아갈 수 있다. 이는 구명조끼를 입은 아이가 발이 닿지 않는 깊은 물속에서도 두려움 없이 물놀이를 할 수 있는 것과도 같다.

종신보험은 삶의 구명조끼다.


● **종신보험 세일즈맨의 역할**

　서양의 묘지는 집 근처나 교회당 같은 곳에 있다. 묘비에는 보통 먼저 간 사람을 그리워하는 추모의 글이 새겨져 있다. 어느 날 한 남자가 묘지를 돌며 묘비의 글을 읽고 있었다. 그런데 유독 한 묘지 앞에서 한참 동안 서서 자세히 읽었다. 묘비에는 다음과 같은 글이 새겨져 있었다.

　- 나도 전에는 당신처럼 그 자리에 서 있었소.

　남자는 웃음을 터뜨렸다. 이어서 두 번째 줄을 읽었다.

　- 나도 전에는 당신처럼 그곳에 서서 웃고 있었소.

　뜨끔해진 남자는 웃음을 멈추고 진지하게 마지막 줄을 읽었다.

　- 이제 당신도 나처럼 죽음을 준비하시오.

　죽음은 누구라도 피해갈 수 없다. 종신보험은 결코 남의 일이 아니다.


　다음은 동료가 경험한 실제 이야기다. 40대 초반에 1억 원의 종신보험을 가입한 남자고객이 8년 후, 유방암 판정을 받았다. 남자에게 유방암이 발생할 확률은 극히 희박하다. 그 고객은 일반회사의 부장으로 근무했는데 다행히 치료가 잘 되어 일터에 복귀할 수 있었다. 그 사건을 계기로 삶의 불확실성을 실감한 고객은 그때 기준으로 최고 한도의 종신보험을 가입할 수 있는지 문의했다. 본인이 완치되었다고 하더라도 어린 다섯 자녀가 걱정되었기 때문이다. 결국 암 치료 전력이 있어서 가입진행은 중단되었고, 그로부터 3년 뒤 그는 암이 재발하여 세상을 떠나고 말았다. 만약 그 고객이 처음부터 큰 금액으로 종신보험을 가입했더라면 어땠을까?

얼마 전 유튜브에서 '아버지의 꿈'이라는 동영상을 보았다. 동영상에서 아버지들과 고등학생들은 동시에 다음과 같은 질문을 받는다.
"삶이 앞으로 1년밖에 안 남았다면, 현금 5억 원과 자신의 꿈 중에서 어느 것을 선택하시겠습니까?"
고등학생들은 모두 자기의 꿈을 선택했다. 반면 아버지들은 자신의 꿈을 포기하고 가족에게 남겨 줄 5억 원을 선택했다. 당신이 그런 상황에 처했을 때 보험 세일즈맨이 청약서를 들고 찾아간다면 당신은 어느 정도의 보장금액에 가입하겠는가?

사람들은 자기가 정확하게 답을 줄 수 없는 것에는 겸손해진다. 또한 자신이 책임질 수 없는 일을 도와주는 사람을 존중한다. 보험 세일즈맨은 고객이 죽는 것을 막을 수는 없다. 그러나 고객이 죽더라도 자녀들의 꿈이 이루어지도록 도와줄 수는 있다. 비가 올 것을 걱정할 것이 아니라 조금 불편하더라도 우산을 가지고 나가면 하루를 안심하고 보낼 수 있다. 종신보험 세일즈맨들의 역할은 불안한 표정으로 집을 나서는 고객의 손에 우산을 들려 보내는 일이다.

톨스토이는 이렇게 말했다.

"세상에 죽음만큼 확실한 것이 없는데 사람들은 겨우살이 준비는 하면서 죽음에는 대비하지 않는다."

죽음이 올 것은 확실하지만 언제 어떻게 올지는 아무도 모른다. 그래서 더욱 준비가 필요하다. 죽음을 준비하는 이유는 잘 죽기 위해서이다. 종신보험은 잘 사는 데도, 잘 죽는 데도 도움을 준다. 그래서 나는 오랜 시간이 지난 지금도 처음에 가졌던 열정과 확신을 그대로 가슴에 품고 고객에게 다가간다.

미래에 올 위기는 건강할 때 준비해야 한다. 제대로 준비하지 않으면 재정적 위기는 생각보다 빨리, 그리고 심각하게 닥쳐온다. 위기가 닥치기 전에는 종신보험을 부담스럽게 생각할 수 있다. 그러나 언젠가는 본인과 가족을 지키는 최선의 선택이었음이 증명된다. 죽음에 대한 두려움은 인간사에 항상 존재해왔다. 그래서 그 두려움과 관련된 종신보험 세일즈는 유행을 타지 않는다. 결국 고객과 오래도록 Win-Win한다.

### ● 왜 종신보험 판매가 힘들까?

여러분들은 종신보험 판매가 쉬운가?

판매가 쉬웠다면 이 책을 읽고 있지 않을 것이다.

대부분 종신보험을 판매하기 힘들다고 한다. 그것은 다음의 세 가지 이유 때문이다.

첫째, 질병이나 건강 관련 특약 중심으로 설계하고 사망보장은 최소의 보장금액으로 전달하기 때문이다. 고객의 니즈에 맞춘 보장금액이 아니라 고객이 원하는 특약 위주의 상품을 권하다 보니 세일즈맨은 니즈환기를 할 필요가 없고, 고객도 감동이 없다. 이것이 우리나라에 종신보험 가입자는 많지만 개인의 니즈에 맞는 보장금액이 턱없이 부족한 이유다. 실제 보장내용을 살펴보면 암보험 같은 건강보험인데, 고객은 송신보험으로 착각하고, 하나 가입했으면 됐지 뭘 추가로 가입하냐고 거절한다.

두 번째 이유는 '연금 받는 종신보험'과 같이 종신보험을 연금이나 저축상품으로 설명하다보니 판매는 쉬웠는데, 시간이 지나면서 고객 불만과 민원이 발생하여 힘들어지는 경우다. 보험세일즈를 하면서 민원이 발생하게 되면 아무리 좋은 상품이라도 자신감이 떨어져서 같은 상품을 자신 있게 판매할 수 없다. 종신보험은 더 이상 밀리면 절벽에서 떨어진다는 느낌으로 확신을 가지고 판매해야만 한다.

마지막은 가슴이 따뜻해져야 할 종신보험을 머리로 계산해서 팔다보니 팔면 팔수록 골치가 아프기 때문이다. 계산하거나 예측할 수 없는 상품을 어떻게 머리로 계산해서 팔 수 있겠는가?

종신보험은 먼저 본래 의미인 가족사랑을 실천하는 사망보장으로 니즈를 환기시켜야 한다. 그 후에 본인이 살아서 받는 혜택, 연금전환, 자산으로의 활용 등과 같은 부수적인 기능을 설명해야 한다. 부수적인 기능을 먼저 설명하고 사망보장을 서비스처럼 이야기하면 종신보험을 판매하기 어렵고 판매를 하더라도 나중에 발목을 잡는다.

고객은 잘 죽기 위해서, 세일즈맨은 잘 살기 위해서 종신보험이 필요하다. 잘 죽는다는 것은 죽는 시점에 돈이 있어야 하며, 행복하게 살려면 세일즈에서 가치와 보람을 느껴야 한다. 종신보험은 양쪽 모두에게 그 답을 준다.

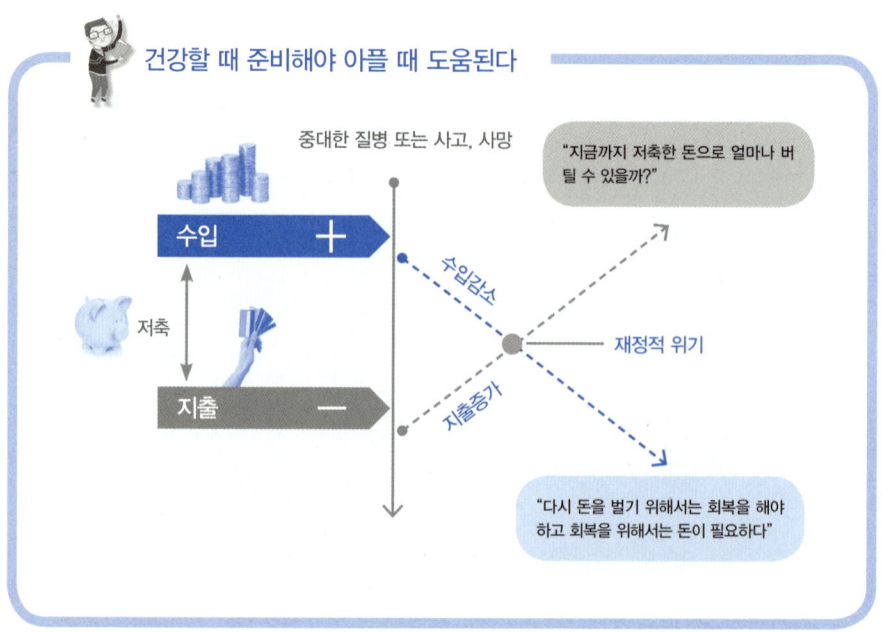

## 2. 변화하는 종신보험

● 보장내용의 변화

종신보험은 '사랑하는 가족을 위한 선물'이라는 생각에서 출발한다. 간혹 같은 보험업에 종사하는 동료들로부터 '가족사랑'은 너무 케케묵은 표현이 아니냐는 말을 들을 때도 있다. 그러나 가족사랑은 종신보험의 처음이자 끝이다. 나를 위한 보험은 내가 죽으면 소용이 없다. 그러나 내가 죽은 후에도 남아있을 사랑하는 가족을 위해 보험에 가입하는 것이야말로 진정한 사랑이다. 종신보험을 세일즈할 때는 이 고귀한 가치를 믿고 나아가야 고객이 안심하고 자신과 가족의 미래를 맡길 수 있다.

최초 도입 시기인 1단계에서는 종신보험을 가장이 갑자기 사망했을 때 가족들을 지켜주는 사망보장으로 판매했다. 그 후 시간이 지나면서 사람들이 본인이 살아서 받을 수 있는 혜택에 관심을 가지게 되었다. 죽음은 아직 실감 나지 않고, 보험료는 매월 납입하는데 정작 본인이 받는 혜택이 없다 보니 불만이 생긴 것이다. 그래서 2단계에서는 자신이 살아서 받을 수 있는 혜택들을 옵션으로 추가했다. 이것은 경제적 사망, 즉 경제활동이 불가능한 상태를 의미하는데, 사망 전이라도 시한부 상태, 간병 상태, 중대한 질병상태가 발생하면 본인이 사망보험금을 할인해서 지급받을 수 있는 기능들이다. 3단계에서는 부동산 가치가 하락하면서 종신보험이 죽어서 남기는 자산으로 인식되었다. 사람이 죽으면 빚이나 자산을 남긴다. 자산은 부동산, 주식, 현금 등으로 남길 수도 있고, 생명보험으로 남길 수도 있다. 자산으로 인식되면서 주택 역모기지론처럼 활용되거나 사망채권이 유동화되기도 한다. 강남에 사는 한 주부는 보장금액 3억 원의 종신보험에 대한 설명을 듣고

"3억 원을 모으는 적금과 비슷하네요."

라고 말했다. 죽지 않는 사람은 없으므로 언젠가는 만기가 돌아오는 적금과 같다는 것이다. 그다지 기쁜 일은 아니지만 한 번만 납입하고도 적금이 만기 되는 경우도 있다. 4단계에서는 저금리가 지속되면서 종신보험이 현금성 다목적 자금을 모으는 방법으로 인식되었다.

그렇다면 적금을 들면 될텐데 왜 종신보험을 가입해야 할까? 60세에 목표 금액을 모으는 방법은 여러 가지가 있다. 하지만, 가장 확실하게 목표를 달성할 수 있는 방법은 종신보험뿐이다. 적금, 연금, 펀드 등의 저축성 상품은 아프거나 장해로 일을 못 할 정도의 상태가 되

면 해지해서 써야 한다. 하지만, 종신보험은 정상적인 경제활동을 할 수 없는 경우, 즉 원인에 관계없이 장해율이 50% 이상이면 보험료 납입이 면제되는데, 보험사가 보험료를 대신 납입해주면서 보장내용이 계약 당시와 동일한 상태로 유지된다. 사망할 경우엔 사망보험금을 사후정리나 병원비로 쓰더라도 일부는 남길 수 있다. 이때 남은 돈은 가족들을 위한 현금성 다목적 자금이 된다.

● **경쟁상대의 변화**

종신보험은 경쟁상대에 따라서도 변화를 겪어왔다. 1단계에서 종신보험은 고정관념과 싸워야 했다. 특히 '죽어서 나오는 것이 무슨 소용 있어? 살아서 받아야지!'라는 편견이 가장 큰 장애물이었다. 기존 보험들은 주로 진단비, 수술비, 입원비와 같이 본인이 살아서 받는 혜택을 강조했다. 1단계에서는 사랑하는 가족을 위한 보험이야말로 진정으로 가치 있는 보험이라는 것을 인식시키는 것이 급선무였다.

2단계에서는 특약과 보험료를 두고 보험사끼리 치열한 경쟁을 했다. 이때는 살아서 받는 혜택을 선호하는 고객들이 많아지면서 건강보험으로 회귀한 시기였다. 건강특약이 강조되면서 이름은 종신보험이지만, 보장내용은 사실 건강보험에 가까웠다. 보험료 경쟁을 하다 보니 특약의 보험료를 갱신형으로 설계하여 고객들이 보험료가 저렴하다고 착각하는 경우가 많았다. 이런 일로 고객과의 신뢰가 무너지면 정말 중요한 종신보험이 유지되지 못한다.

3단계에서는 보험사와 은행, 증권사 간의 벽이 무너지는 방카슈랑스가 도입되면서 전체 금융기관들 사이에 경쟁이 시작되었다. 은행의 PB시스템을 보험판매에 활용하면서 종합재무설계, 세무, 상속 등 전문 자격증을 앞세운 영업이 대세를 이루었다.

4단계는 변호사, 노무사, 세무사 등의 전문직이 팀을 이뤄 토털 서비스를 제공하고 있다. 법인시장에서 법인 임원의 리스크를 줄이려는 목적과 세테크 일환으로 종신보험을 활용하고 있다. 그 결과 종신보험 시장과 보장금액이 점차 커지고 있다.

그렇다면 다음 단계는 무엇일까?

위와 같은 다양하고 급격한 변화 속에서도 내가 사랑하는 사람들을 위해 가입하는 종신보험의 근본적인 가치는 변하지 않았다. 그래서 유행을 따르지 않고 묵묵히 자신의 길을 걸으며 이런 가치를 지키는 세일즈맨들은 흔들리지 않고 세일즈한다. 종신보험의 진짜 경쟁 상대는 자기 자신이다. '사람이 곧 답'이라는 확신을 갖고 긍정적인 마인드로 세일즈하면 어떤 경쟁상대를 만나더라도 두렵지 않다.

이제 자격증, 지식, 수익률, 상품의 혜택을 이야기하기 보다는 고객의 삶, 보유자산의 의미를 파악해야 한다. 사실(Fact)보다 느낌(Feeling)을 파악해서 고객과 공감할 수 있는 세일즈맨이 성공하는 시대가 열릴 것이다.

● 수혜자 변화

대부분의 사람들은,

"내가 죽어서 나오는 보험금이 무슨 소용이 있어요? 나 죽은 다음에 누구 좋은 일 시키려고 생명보험에 가입합니까?"

라고 말한다. 궁극적으로 보험금은 고객이 사망했을 때 100% 지급된다. 그런데 종신보험에 가입하면 살아서 받을 수 있는 혜택들도 다양하다.

6개월 시한부 판정을 받은 경우에는 여명급부특약을 활용하여 본인이 쓰고, 나머지는 가족에게 가족에게 남겨준다. 실제로 여명급부 상태가 되면 남겨질 가족들을 생각해서 보험금을 미리 받으려 하지 않는다. 본인이 다 쓰면 가족들에게 미안하고, 다 남겨주면 가족들이 미안하기 때문에 50%의 선지급 비율은 본인과 가족 모두를 위한 황금비율이다. 가입 후 일정 기간이 지나서 환급금이 적립되어 있을 경우에는 대출이나 연금전환특약을 활용하여 본인이 사용할 수도 있다. 이처럼 종신보험의 혜택을 구체적으로 살펴보면 많은 금액을 가입자 본인을 위해 사용하는 셈이다. 사실 치료기간 중 가족들이 지출한 본인의 의료비까지 포함할 경우 나머지 금액도 대부분 자신이 살아서 혜택을 받는다.

현재 종신보험에 대한 잘못된 인식으로 종신보험 가입자는 많으나 사망보장금액은 생각보다 크지 않다. 반대로 생각하면 그만큼 앞으로의 판매 전망은 희망적이다.

종신보험의 또 다른 수혜자는 본인과 가족이 아닌 종교단체나 사회복지 시설이 될 수 있다. 매월 일정 금액을 고아원에 기부하던 사람이 어느 날 갑자기 사망하면 고아원의 운영이 어려워진다. 이런 경우에 종신보험이 그 역할을 대신한다. 종신보험은 '죽기 위해서' 가입하는 것이 아니라 '주기 위해서' 선택하는 것이다.

● **보장 크기의 변화**

**세일즈맨**: 혹시 종신보험 있으세요?

**고객**: 네, 필요할 것 같아서 옛날에 가입했어요.

**세일즈맨**: 보장금액이 얼마나 되는데요?

**고객**: 잘 모르겠는데요. 하나 있으니까 더 이상은 여력이 없어요. 그것 하나면 될 것 같은데요.

보장금액에 관계없이 종신보험에 가입했다는 사실만으로 안심하는 경우가 많다. 그러나 보장의 크기는 가족상황, 재산상태, 소득수준에 따라 각자 다르게 설계되어야 한다. 우리나라는 남의 시선을 중요하게 의식하기 때문에 소득수준이 비슷하면 생활수준도 비슷하다. 따라서 다음과 같은 몇 가지 단서를 참고하면 종신보험의 적정 사망보장 수준을 쉽게 파악할 수 있다.

- 거주하는 주택의 시가
- 연 소득의 5배
- 국산차 기준으로 소유한 자동차 배기량의 10~15배
- 향후 예상되는 총수입의 30%

예를 들어 연수입이 1억 원인 가구는 보통 5억 원 정도의 주택에 거주하고, 국산차 기준 3,000cc 정도의 자동차를 타고, 향후 총 예상 수입은 15~20억 원쯤 된다. 따라서 총 예상 수입의 30%는 5억 원 내외이다. 한편 연 수입이 5천만 원인 가구는 2~3억 원 정도의 주택에 거수하고, 국산차 기준 2,500cc 정도의 자동차를 타고, 향후 총 예상 수입은 8~10억 원 정도이다. 이 경우 총수입의 30%는 2~3억 원 정도이다.

물론 주택은 대출금 보유여부, 자동차는 엔진성능을 고려해야 한다. 위의 기준은 어디까지나 대략적인 수준으로서 가족에게 닥칠 위험에 대비하기 위한 것이다. 만약 보유자산을 지키기 위한 보장일 경우에는 준비할 보장의 크기가 달라진다.

안전장치는 수준에 맞게 준비해야 한다. 만약 30층 높이의 건물을 지으면서 3층 높이의 건물에 맞는 안전망을 쳐놓고 일을 한다면 어떨까? 불안해서 일을 제대로 할 수 없음은 물론, 차라리 있으나 마나 한 안전망을 없애려고 할 것이다. 결혼 전에 준비한 종신보험을 자녀가

태어나고 소득이 몇 배로 늘었는데도 그대로 유지하는 것은 30층 건물에 3층 높이의 안전망을 설치하는 것과 같다. 안전장치로서의 역할을 제대로 하지 못할 뿐만 아니라 고객이 그 가치를 제대로 느끼지도 못한다.

종신보험은 생명체처럼 고객의 삶에 따라 성장해야 한다. 모든 것은 성장이 멈추는 순간부터 죽어간다. 가족을 위한 사망보장이 턱없이 부족한 상태에서 암이나 상해를 보장한다면 정말 위급한 상황이 닥쳤을 때 어떻게 되겠는가? 5,000cc 자동차에 1,000cc 자동차의 브레이크를 달고 다니면서 범퍼나 에어백에 돈을 투자하는 것과 같다. 보장에도 선택과 집중이 필요하다. 핵심 부분에 집중해야 안전장치의 역할을 제대로 한다.

세일즈맨과 고객들은 대개 보장금액보다는 종신보험을 가입했는지에 대해서만 이야기한다. 가입 여부보다 제대로 된 보장인가를 파악하는 것이 더 중요하다. 고객의 보장수준은 평균에 맞출 수 없다. 각자의 소득수준과 상황에 맞게 결정해야 한다.

일반적으로 총자산의 30%를 종신보험의 보장수준으로 보유하는 것이 가장 효과적이다. 자산 보유자가 사망하면 의료비, 세금 등의 부대비용이 30% 정도 발생하기 때문이다. 이렇게 할 경우 100억 원 자산가는 30억 원의 보장이, 1천억 원의 자산가는 300억 원의 보장이 필요하다. 종신보험이 자산을 지키는 보장자산으로 올바르게 인식된다면 종신보험은 앞으로 무한대로 성장할 것이다.

사람들이 휴대폰 케이스를 사는 이유는 저마다 다르다. 어떤 사람은 말 그대로 휴대폰을 보호하기 위해서 사고, 어떤 사람은 휴대폰을 꾸미기 위해서 산다. 나는 교통카드나 신용카드를 보관하는 용도로 구입한다. 하지만 어떤 경우에도 휴대폰이 땅에 떨어지는 순간 케이스는 휴대폰을 보호하는 본래의 기능을 한다. 종신보험도 마찬가지다. 처음에는 여러 가지 기능 때문에 선택하지만 최종적으로 받는 혜택은 사망 시 가족의 행복을 보장하는 것이다.

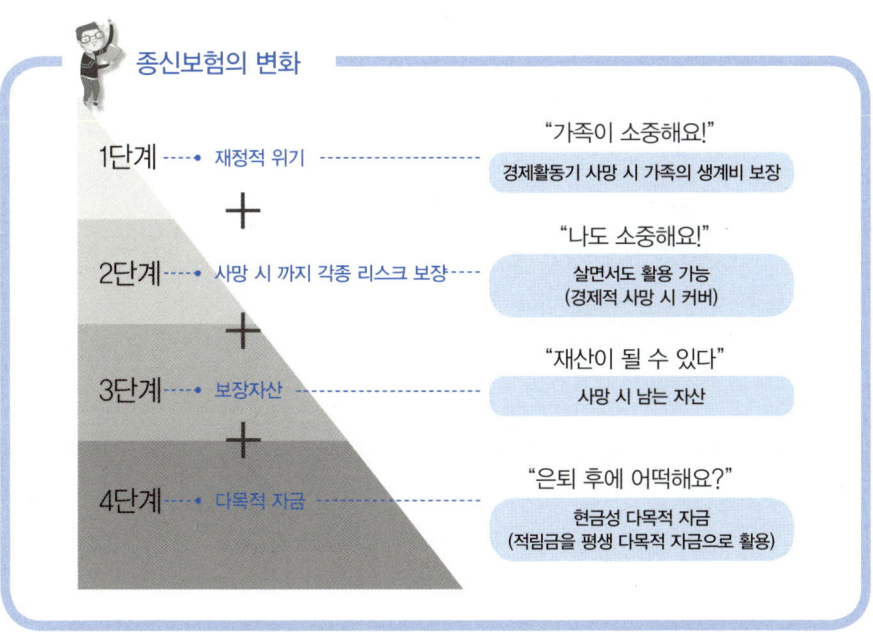

## 3. 종신보험이 재산이다

● 자산 포트폴리오와 종신보험

종신보험의 또 다른 장점은 '투자수단'이 될 수 있다는 점이다. 재산을 축적하는 방법에는 저축, 주식투자, 부동산투자 등 여러 가지가 있다. 하지만 종신보험은 언젠가 반드시 사망보험금으로 지급된다. 약간의 보험료로도 큰 금액의 선취자산을 만들 수 있다. 이러한 재산 증식은 생존 시에는 가족의 경제적인 안정을 보장하는 안전장치로서의 기능을 하다가 사망 후에는 상속자산으로 변하여 다음 세대로 넘어간다. 종신보험은 시간에 투자하는 가장 확실한 자산이다. 소중한 것을 투자해야 소중한 것을 얻을 수 있다. 목숨을 건 투자를 하면 목숨보다 더 소중한 가족의 안전을 보장받을 수 있다.

종신보험은 부동산자산과 금융자산의 균형을 맞춰주는 균형추 역할을 한다. 우리나라는 자산 중 부동산이 차지하는 비중이 월등히 높다. 부동산은 가격이 하락할 경우 매매차익 없이 비용만 발생한다. 관리비, 세금이 계속 지출되어야 하고, 건물이 낡게 되면 수리비나 재건축 비용을 부담해야 한다. 막대한 금액을 투자했는데 그만큼의 수익이 보장되지 않아 늘 불안해한다. 그래서 요즘은 자산 포트폴리오가 부동산 중심에서 금융자산 중심으로 이동하고 있다. 많은 자산가들이 종신보험을 상속세 재원이나 사망 후에 남겨질 상속자산으로 활용한다.

나이가 들면 부동산을 관리하는 것이 힘들어진다. 미국에서는 은퇴자산으로 부동산보다 종신보험을 선호한다. 그래서 미망인의 경제적 수준을 남편의 사망보험금 크기가 결정한다고 한다. 우리나라에서는 지금까지 부동산 임대수익을 모아서 다시 부동산에 투자하는 것이 일반적이다. 부동산을 많이 보유하고 있으면 관리가 부담될 뿐만 아니라 요즘은 수익 전망도 불투명하다. 부동산투자 대신에 종신보험에 투자하면 자산을 관리할 필요가 없다. 부동산에서 나오는 월세로 종신보험을 가입하면 부동산에 편중된 자산의 균형을 맞출 수 있다.

일반적으로 부동산을 변화시켜 자산 포트폴리오를 바꾸는 데는 시간과 비용이 많이 든다. 예를 들어, 전체 자산 10억 원 중 부동산과 금융자산의 비율이 8:2라면, 이를 선진국처럼 단기간에 금융자산 8억 원과 부동산 2억 원으로 역전시키는 것은 어렵다. 하지만 부동산에서 나오는 수입으로 종신보험 6억 원을 가입하면 사망 시 남는 금융자산이 6억 원 늘어나 8억 원이 되어 부동산과 금융자산 비중이 5:5로 개선된다. 종신보험은 사망 시 남길 수 있는 확실한 금융자산이다.

다음은 수익형 상가를 구입하면서 기존 보험의 사망보장을 줄이려고 상담을 신청했다가 결국 사망보장을 늘렸던 사례이다.

**고객:** 기존 보험의 보장금액을 반으로 줄여야겠어요. 월급쟁이라서 회사를 언제 그만둘지 모르니 대출을 받아서라도 월세를 꾸준히 받을 수 있는 상가를 사야겠어요.

**세일즈맨:** 잘 생각하셨습니다. 그렇게 하시면 불안했던 마음이 조금 진정되시겠네요. 저는 사실 1~2년 후가 아니라 내일도 어찌 될지 모른다는 생각으로 이 일을 하고 있습니다. 만약 갑자기 건강에 문제가 생겨서 수입이 끊긴다면 의료비와 대출 원리금은 어떻게 감당하실 건가요? 고객님처럼 능력도 있으시고 열심히 일하시는 분들은 현재 하고 있는 일을 그만두시더라도 잠깐 동안 수입의 변동이 있을 뿐 곧바로 또 다른 일을 하실 겁니다. 그렇지 않나요?

**고객:** 그렇겠죠.

**세일즈맨:** 그리고 그만두는 것도 어느 정도는 예측이 가능합니다. 그러나 갑자기 아프거나 다치는 것은 전혀 예측할 수 없습니다. 발생 확률이 100분의 1이라도 본인에게 닥치면 100%입니다. 자녀까지 있는 경우엔 확률로 계산할 수 있는 문제가 아닙니다. 상가를 구입하지

말라는 것이 아니라 우선 안전장치를 마련하고 나서 안전하게 상가에 투자를 하라는 말씀입니다. 대출을 받으면 대출금만큼 생명보험증서를 제출해야 하는 나라도 있습니다. 아무 일이 없으면 벌어서 상환하고 갑자기 사망하면 생명보험증서가 상환을 보장하는 것이지요. 그렇지 않으면 그 부담이 전부 가족에게 넘어가니까요.

**고객:** 제 생각이 위험했군요. 그럼 이제 어떻게 해야 하죠?

### ● 아파트 vs 종신보험

여의도에는 증권회사들이 많다. 경기도에서 여의도로 출퇴근하는 펀드매니저들은 아파트 가격이 떨어지면 고민을 한다. 기회비용 때문이다. 가령 5억 원 정도의 아파트를 보유하고 있다고 하자. 아파트 가격이 올라갈 때는 상관이 없었다. 하지만 가격이 오르지 않으면 전세로 살면서 남는 돈을 투자해서 추가수익을 얻는 것이 낫겠다고 생각한다. 이런 상황에서 5억 원 아파트를 계속 보유하면 추가비용이 발생하거나 앞으로 가격이 떨어질 가능성도 있기 때문에 고민이 될 수밖에 없다.

그런 고객을 만나면 나는 이런 제안을 한다.

"제가 얼마 전 5억 원짜리 아파트를 하나 보고 왔습니다. 이 아파트는 일시금을 내고 사는 것이 아니고, 100만 원씩 할부로 20년, 총 2

억4천만 원만 내면 됩니다. 그리고 20년이 되었을 때, 할부로 낸 돈이 너무 아깝다고 생각되면 냈던 금액을 그대로 돌려줄 수도 있습니다. 어떻게 생각하세요? 이 아파트는 5억 원 이하로 내려갈 걱정도 없고, 세금이나 관리비도 들지 않습니다. 기존의 아파트는 20년 후 재건축 시 비용이 드는데 이것은 그럴 가능성도 없습니다."

그러면 모두들 눈을 반짝이며 그런 아파트가 있다면 당장 사겠다고 달려든다. 사실 내가 말한 아파트는 종신보험이다. 40세 정도의 남자가 월 100만 원 정도를 20년간 총 2억4천만 원 납입하면 5억 원 정도의 종신보험 주계약 가입이 가능하다. 실제로 나는 이런 방식으로 5억 원 종신보험을 여러 건 판매했다. 종신보험은 시간에 투자할 수 있는 사람들에게는 가장 확실한 투자 방법이다. 하지만 단기적인 관점에서 가치를 판단하면 안 된다. 종신보험을 계약하고 금방 해약하는 것은 상가를 20년 동안 장기 임대하면서 권리금을 지불하고 인테리어에 투자한 후 금방 임대를 포기하는 것과 같다. 초기 투자비용은 20년에 걸쳐 상쇄되어야 비로소 수익으로 전환된다. 장기상품의 환급금이 초기에 적은 것도 이 때문이다.

종신보험에는 세금이 붙지 않는다. 보통 아파트를 매매하면 양도소득세, 배당을 받으면 배당소득세, 근로자는 근로소득세, 사업을 하면 사업소득세, 퇴직금을 받으면 퇴직소득세를 낸다. 그러나 종신보험은 2억5천만 원을 납입하고 사망보험금 5억 원을 받더라도 차익 2억 5천만 원에 대한 세금이 없다. 관리할 필요도 없고, 감가상각도 되지 않는다. 만약 아프거나 다쳐서 납입면제 조건에 해당되면 보험료를 납입하지 않아도 혜택은 똑같이 유지된다. 아파트는 자산으로 즉시 활용할 수 있지만, 일시금으로 5억 원을 지불해야 하고, 세금과 관리비를 부담해야 한다. 자칫 앞으로 가격이 하락할 수 있는 위험도 있다. 반면 종신보험은 즉시 활용 가치는 낮지만, 조금씩 나눠서 낼 수 있고 총 보장금액의 절반인 2억5천만 원만 내면 된다. 또한 차익에 대한 세금이나 유지비용도 전혀 없다. 사망 시까지 시간을 견뎌야 하지만 언젠가는 반드시 가치가 실현되는 것이 종신보험의 일반사망보장이다.

● **상가 vs 종신보험**

대출을 받아서 상가를 구입할 경우 아파서 일을 못 하거나 갑자기 사망하면 의료비와 세금으로 상가가 없어질 수도 있다. 이때 종신보험은 상가를 지켜주는 역할을 한다. 30억짜리 상가를 가진 한 고객이 월세를 모으고 부족한 금액만큼 대출을 받아서 추가로 상가를 구입하려고 했다. 나는 그 고객에게 물었다.

**세일즈맨:** 지금 관리하시는 상가는 어떠세요?

**고객:** 나이가 들어가니까 관리는 점점 힘들어지고, 경기가 좋지 않으니까 수익전망은 불투 명하죠.

**세일즈맨:** 그런데 왜 골칫덩어리를 하나 더 만들려고 하세요?

**고객:** 마땅히 투자할 데가 없어서 그래요. 사실 망설여지긴 하죠.

상가는 공실이 생기거나 대출 이자율이 오르거나 경기가 나빠지면 상황이 급격히 악화된다. 노후대책으로 마련한 상가가 자칫 노후생활을 위협할 수도 있다. 지인 중에 월세를 받아 노후생활을 하는 사람이 있다. 남들은 월세 받아서 편하게 잘 산다고 생각하겠지만 정작 그분은 늙어서는 절대로 임대업을 하지 말라고 말한다. 젊어서는 돈 모으느라 고생하고, 늙어서는 돈 지키느라 고생한다는 것이다. 나는 다시 고객에게 물었다.

**세일즈맨:** 지금 갖고 계신 30억 원의 상가도 지키고, 머리를 가볍게 하면서 또 다른 30억 원 자산을 만들 수 있다면 인생을 편안하고 안정적으로 살 수 있지 않을까요?

**고객:** 그렇다면 더 바랄 게 없죠.

**세일즈맨:** 제가 추천하는 색다른 30억 원 상가를 하나 구입하시면 됩니다. 그런데 이 상가는 관리할 필요도 없고, 세금도 없으며, 부동산 경기가 나빠도 공실이 생길 일이 없고, 기존의 상가를 보호해줍니다.

**고객:** 아니, 그런 상가가 있어요?

**세일즈맨:** 있습니다. 뿐만 아니라 여러 가지 불안감으로 삶을 즐기지 못할 이유도 없고, 최악의 경우 기존의 30억 원 상가가 날아갈 상황에서도 제가 소개해 드리는 두 번째 상가는 안전하게 지킬 수 있습니다. 괜찮지 않나요? 자산을 모으느라 고생하고, 그 모은 자산을 관리하기 위해 또다시 고생하기를 원하진 않으시죠? 이 모든 불안감에서 벗어나는 방법이 '30억 원 종신보험 상가'를 구입하는 것입니다.

종신보험은 자산, 가문, 가족의 행복 이 세 가지를 지켜주는 보장자산이나. 종신보험은 고객이 어렵게 마련한 부동산, 자식처럼 키워온 회사가 사망 후 의료비나 상속세 납부를 위해 헐값에 매각되거나 소유권이 넘어가는 것을 막아준다.

돈은 살아서도 필요하지만 죽을 때도 필요하다. 죽을 때 돈이 있어야 인간으로서의 존엄도 지키고 남은 가족도 경제적인 어려움을 겪지 않는다. 인생에서 가장 중요한 시점, 죽을 때 부자로 만들어 주는 것이 종신보험이다.

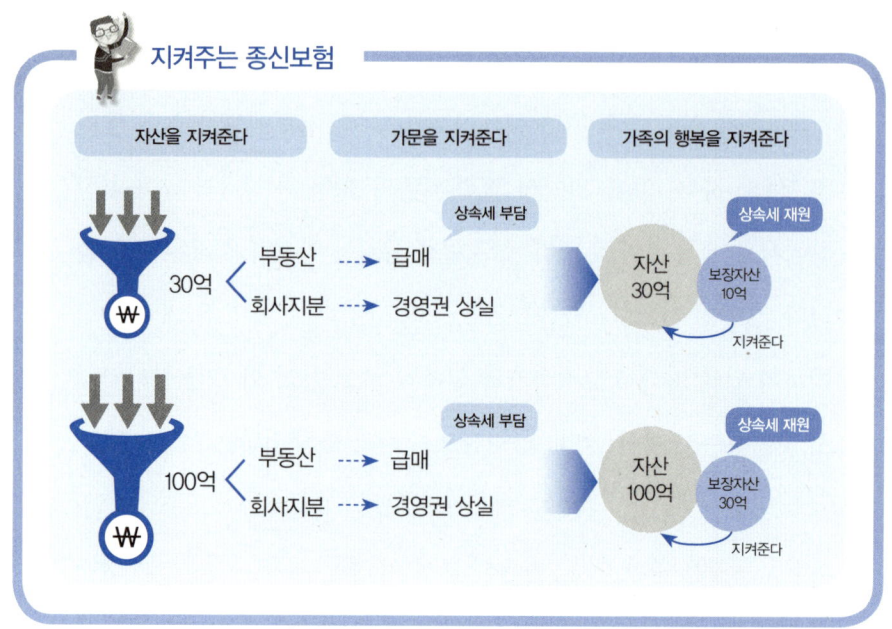

## 4. 가치에서 출발하라

● 가치에 집중하라

세상에 딱 두 장뿐인 우표가 있었다. 그 중 한 장을 가진 부자가 거액을 주고 나머지 한 장마저 구입했다. 그리고는 그 자리에서 구입한 우표를 불태워 버렸다. 얼마 후 남은 한 장의 우표 가격이 몇 십 배로 뛰었다. 세상에 단 한 장뿐이었기 때문이다. 세상에 똑같은 사람은 없다. 모든 사람은 세상에 단 한 명뿐이다. 그래서 가격을 매길 수 없는 가치를 지닌다. 그 가치를 지켜주는 것이 생명보험이다.

종신보험 세일즈는 가치에 집중해야 한다. 이는 보험료보다는 보장금액에 중점을 두는 것을 말한다. 큰 보험료의 계약만 찾아다니는 세일즈맨은 일시적으로 수입이 올라갈지는 몰라도 고객의 행복을 제대로 보장해주기는 어렵다. 또한 세일즈를 하면서 보람을 찾을 수 없고, 오랫동안 일을 할 수도 없다.

가치에 집중하는 세일즈맨은 고객의 사망으로 인해 가족들이 어려워졌을 때를 생각하면서 동일한 보험료로 더 큰 보장을 만들어 줄 수 있는 방법을 고민한다. 가치에 집중하면 고객은 보장의 진정한 가치를 느끼게 된다. 보장금액에만 집중했는데 결과적으로 보험료도 커지는 경우가 많다. 고객은 보험료를 올리고, 세일즈맨은 보장금액을 올려야 한다. 보험료에만 관심을 갖다보면 유족들이 사망보험금을 받은 후에도 여전히 어려워질 수 있다. 그때 가서 '왜 좀 더 큰 보장금액을 전달하지 못했을까?'하고 후회해도 늦는다.

 우선 고객에게 맞는 보장금액과 납입보험료 수준을 파악한 후 납입기간, 정기성 특약 등을 활용하여 고객의 필요보장금액에 맞춰 설계해야 한다. 보험료에 초점을 맞추면 고객은 상품에만 관심을 갖는다. 반면 보장금액에 초점을 맞추면 고객은 세일즈맨에게 관심을 갖는다.
 이런 생각으로 세일즈를 하다 보면 시간이 지날수록 일의 가치와 고객의 신뢰도가 동시에 상승한다. 그러면 일에 대한 보람을 느끼면서 세일즈를 오래 지속할 수 있다. 결국 세일즈를 오래 하면 할수록 또다시 가치와 보람이 더욱 상승하는 선순환 궤도에 진입하게 된다.

 주변을 둘러보면 돈이나 상품에 중심을 두고 세일즈하는 사람들이 많다. 그런 세일즈맨들은 상품의 트렌드가 바뀌어서 상품이 없어지거나 상품에 흥미를 잃게 되면 더 이상 세일즈를 할 수 없게 된다. 돈을 보고 세일즈하는 사람은 돈을 많이 벌어도 그만두고, 못 벌어도 그만둔다. 내가 보험세일즈를 시작하려고 알아볼 때, 다른 회사에서 나를 리쿠르팅하기 위해 수입이 입금되는 통장을 보여주었다. 당시로서는 큰 금액이 매월 입금되는 통장이었다. 평생 직업을 선택할 때 경제적인 면을 무시할 수는 없었지만 그것이 전부는 아니었다. 당시 나는 자녀들의 꿈을 지켜주는 종신보험의 가치에 매력을 느꼈기에 그 회사 설명회에는 참석하지 않았다. 나중에 담당 매니저가 왜 자신에게 설명할 기회도 주지 않았냐며 서운해 했다. 그러나 나는 내가 가야 할 길을 분명하게 결정한 후였으므로 더 이상 설명을 들어야 할 필요가 없었다. 가끔 내가 그때 돈을 보고 그 회사를 선택했다면 지금까지 행복하게 세일즈 할 수 있었을까 생각해본다.

유대인들은 보험의 가치를 제대로 알고 실천한다. 현명한 유대인들은 'WISE MAN'이라고 불린다. 'WISE MAN'이란 다음과 같은 뜻이다.

W – Working 일을 해서 돈을 벌고

I – Insurance 돈이 생기면 먼저 일정 부분 안전장치로 보험을 준비하고

S – Saving 저축을 하고

E – Enjoy 남는 돈으로 즐긴다.

유대인들처럼 안전장치를 준비해 놓으면 안정된 마음으로 일에 집

중할 수 있다. 그러면 능률이 오르고 수입도 올라가서 결과적으로 더 많이 즐길 수 있다. 보험은 여유가 있어야 가입하는 상품이 아니다. 이러한 가치를 깨닫게 되면 지출의 우선순위가 바뀐다. 종신보험 가입은 인생의 여유를 빼앗기는 것이 아니라 어떤 상황에서도 여유를 만들 수 있는 현명한 방법이다.

● **가치를 창출하라**

가치창출이란 아무도 인정하지 않았던 것에서 가치를 찾아내는 것을 말한다. 장애를 가진 아이의 엄마는 그 자식에게서 다른 사람들이 보지 못하는 가치를 찾아낸다. 그런 엄마의 행동이 아이를 가치 있는 사람으로 변화시킨다. 그런 엄마는 아이에게 이렇게 말한다.

"엄마는 네가 너무 소중하고 자랑스럽단다. 넌 조금 느릴 뿐이지 충분히 잘할 수 있어. 네가 없었다면 엄마는 이 세상에서 살아갈 의미를 찾지 못했을 거야. 네가 엄마의 아들로 태어나줘서 정말 고마워."

사람들은 종신보험의 가치를 제대로 인정하지 않는다. 그렇기 때문에 오히려 종신보험은 다른 보험에 비해 큰 가치를 창출할 수 있다.

가격은 머리로 생각하고 숫자로 표현한다. 하지만 가치는 가슴으로만 느낀다. 나는 지금까지 고객의 가슴을 울리는 종신보험 세일즈를 해왔으므로 지치지 않았다. 한 중소기업 사장님이 사업을 하느라 가정에 소홀하고 가족들과 대화도 못 하다가 은퇴를 앞두게 되었다. 대학 다니는 두 아들에게 재산을 물려줄 생각으로 대화를 시도했지만 잘 되지 않았다. 두 아들의 입장에서 볼 때 아버지는 가족에게 신경도 안 쓰고 평생을 자기 멋대로 산 사람이었다. 그분은 고민을 거듭하다가 종신보험을 선택했다. 그러면서 '나는 지금까지 가족을 사랑했고 가족을 위해서 열심히 일했다. 내가 잘한 것은 무엇이고 못한 것은 무엇이다. 내 아들들이 열심히 살면서 누군가에게 도움이 되는 사람이 되었으면 좋겠다.'는 내용의 편지를 남겼다. 그리고 이렇게 말했다.

"만약 내가 5억 원이 든 은행 통장을 하나 너 만들어 남겨주면 상속재산은 305억 원이 되겠죠. 그게 무슨 의미가 있겠습니까? 하지만 내가 이 편지와 함께 남기는 종신보험 5억 원은 전 재산인 300억 원과 비슷한 가치를 발휘할 겁니다. 주변에서 돈만 물려주어서 불행해진 경우를 많이 보았거든요."

이럴 경우 종신보험의 보장금액은 5억 원이지만 그 가치는 300억 원과 비슷하다. 295억 원의 새로운 가치가 창출된 것이다.

● **가치에서 출발하라**

저축성보험을 판매하는 세일즈맨은 주로 저축성 상품의 장점을 이야기한다. 그래서 한번 저축성보험에 가입한 고객은 여유가 생겨도 비슷한 상품에 가입한다. 특약없이 사망보장만 가입한 고객이 수술하고 입원하면, 고객은 어떤 혜택을 받을 수 있는지 묻는다. 그때 나는 병원으로 달려가 미안해 하면서 종신보험의 가치를 정말 열심히 설명한다. 지금의 입원 수술보다 더 큰 문제를 위한 보험임을. 당장 혜택을 받지는 못하지만 종신보험의 가치를 제대로 느낀 고객은 건강해지고 여유가 생기면 종신보험을 추가 가입하고 종신보험 가입할 고객을 소개해준다.

입원, 수술비를 지급하는 세일즈맨에게는 건강보험을 상담하고, 건강보험에 가입할 고객을 소개해 줄 뿐이다. 나는 종신보험으로 출발했다. 그랬더니 다음에도 종신보험을 증액하고, 소개도 종신보험이 필요한 사람을 해준다. 처음 시작한 것이 끝까지 이어진 것이다. 그래서 출발점을 잘 잡아야 한다. 평소 우스갯소리를 잘하는 친구는 진지한 이야기를 해도 친구들이 장난으로 알고 잘 들어주지 않는다. 가치에서 출발해야 지속적으로 고객에게 가치를 전달할 수 있다.

대부분의 고객들은 경제적인 여유가 없어지면 보험을 계속 유지할지, 해약할지 고민한다.

특히 종신보험은 죽어서 받는 혜택이라서 내심 불만을 가지고 있다. 처음 가입할 때 세일즈맨이 제대로 설명했어도 시간이 지나면 보장내용을 잊어버리고 매월 납입하는 보험료만 생각한다.

"너무 오래 납입해요."

"살아서 혜택을 받고 싶은데 방법이 없나요?"

"종신보험을 왜 유지해야 하는지 모르겠어요."

나는 이런 이야기를 들을 때마다 다음과 같이 대답한다.

"종신보험의 일반사망보장은 저축으로 해결이 안 되는 심각하고 중대한 리스크를 보장해 줍니다. 1억 원의 보장을 선택했으면 언젠가는 반드시 1억 원을 드리는데, 살아서는 1억 원 한도 내에서 보호를 받습니다. 일을 못 할 정도, 즉 50% 정도 장해가 발생할 경우에는 혜택은 그대로 받으면서 보험료 납입은 면제됩니다. 현재 제 고객 중 여러 명이 납입면제 혜택을 받고 있습니다. 일정 기간 납입하여 환급금이 쌓여 있으면 연금으로 전환할 수 있습니다. 보험은 한 살이라도 젊을 때 가입하셔야 합니다. 나이가 들거나 금리가 내려가면 동일한 보장이라도 보험료는 올라갑니다. 건강하지 않거나 위험한 일을 하게 되면 보험가입이 불가능할 수도 있습니다."

종신보험 가입 사례이다.


"맛있는 것 사드시고 쓰시지, 왜 저축하려 하세요?"

"별로 쓸 데도 없어요. 적금 들라고 주위에서 하는데 뭐 좀 다른 할 만한 건 없어요?"

"좀 비싸긴 한데 자녀들에게 도움이 되는 게 있습니다."

손자를 돌봐주며 아직까지도 자녀들을 위해 살아왔음에도 자녀들에게 도움이 된다는 말에 귀가 솔깃해한다. 70세에 80세납으로 종신보험에 가입하면 보장금액보다 납입하는 금액이 20~30%가 더 많다.

그런데도, 종신보험의 3가지 장점을 설명했더니 흔쾌히 가입했다. 첫째 사망 보장의 가치가 젊을 때와 다르다. 둘째 납입면제 가능성이 더 높아진다. 셋째 일정기간 납입 후, 유지가 어려울 때 대부분의 자녀들이 나머지를 납입하겠다고 한다. 보장의 가치를 제대로 느끼면 보험연령과 납입액의 높은 벽도 쉽게 넘을 수 있다.

보험료는 매년 오르고 있다. 종신보험료를 동일한 조건에서 5년 전과 비교해보면 꽤 큰 차이가 있다. 일본의 종신보험은 금리 차이로 인해 동일한 조건에서 우리나라보다 훨씬 불리하다. 언젠가 가입할 보험이라면 빨리 가입하는 것이 좋다.

살아있는 동안 혜택을 받고 싶다면 특약을 부가해야 한다. 그러면 진단비, 수술비, 입원비 등의 혜택을 받는다. 하지만 특약은 보장 만기 시 적립금이 소멸되고 보장 기간도 한정된다.

질병 특약이나 저축성 상품을 권유하지 말라는 것이 아니다. 사망 보장이 전제된 다음에 설계해야 한다는 말이다.

보험의 가치를 제대로 알고, 상품 판매보다 고객의 삶에 관심을 갖는다면 자연스럽게 사망보장에 집중하게 된다.

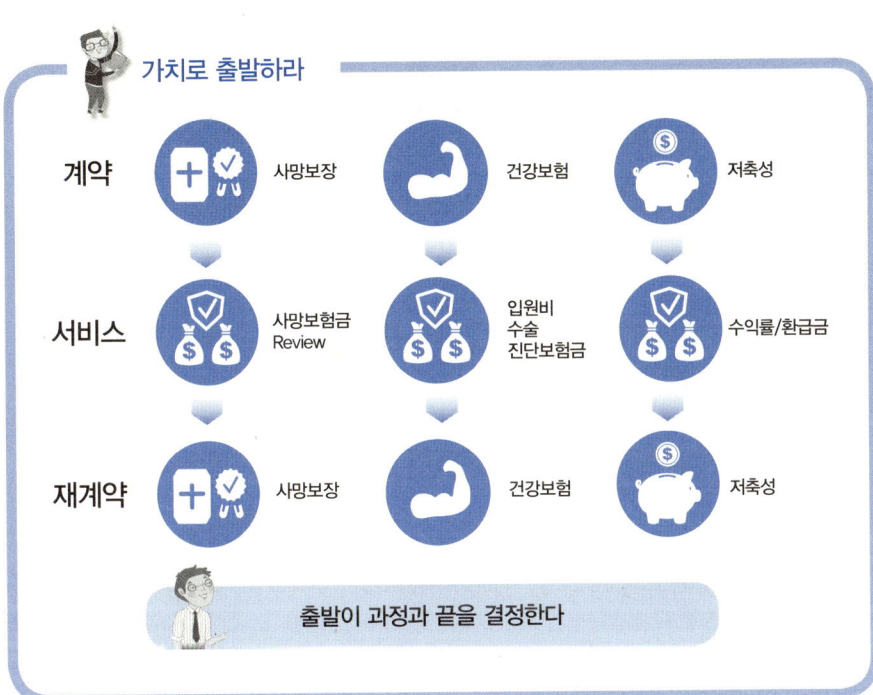

# 5. 종신보험은 사랑이다

● 종신보험은 가족사랑이다

한 피에로가 외줄타기 묘기를 보였다.

그러나 관객의 반응이 시큰둥하자 피에로는 이렇게 외쳤다.

"이번에는 관객 한 사람을 목에 태우고 외줄을 타보겠습니다."

파격적인 제안에 관객들이 환호하며 박수를 쳤다.

"혹시 제 목마를 타고 외줄 타기 해보실 분 있나요?"

그러나 선뜻 목마를 타겠다고 나서는 사람은 없었다. 그때 아이스크림을 먹으면서 공연을 보던 한 여자아이가 손을 들고 걸어 나왔다. 관객들은 조마조마한 심정으로 공연을 지켜보았다. 그런데 피에로가 외줄을 타는 동안에도 여자아이는 태연스럽게 아이스크림만 먹고 있었다. 공연이 무사히 끝난 후 한 관객이 여자아이에게 물었다.

"넌 무섭지 않았니?"

그러자 그 아이는 피에로의 바지를 붙잡으며 대답했다.

"우리 아빤데요!"

아이는 아빠가 자신을 지켜줄 것이라는 절대적인 믿음을 갖고 있었으므로 관객들이 가슴 졸이는 상황에서도 태연하게 아이스크림을 먹을 수 있었던 것이다.

여의도에 같은 높이의 쌍둥이 빌딩이 있다. 두 건물 사이를 1m 너비의 강철판으로 연결하고 한 가운데에 50억 원의 돈뭉치를 올려놓는다고 가정하자. 누구든 걸어가서 그 돈을 가져오면 50억 원을 가질 수 있다. 당신이라면 어떻게 하겠는가? 아마도 돈과 목숨을 저울질하며 잠깐 고민할 것이다. 그런데 강철판 가운데서 당신의 자녀가 놀고 있다면? 부모라면 잠깐의 망설임도 없이 아이를 구하러 달려갈 것이다. 이런 상황에서는 머리로 생각해서 행동하는 것이 아니다. 가슴으로 느껴서 반사적으로 뛰어나가는 것이다. 부모에 대한 아이의 절대적인 믿음과 자식에 대한 부모의 무조건적인 사랑, 이 두 가지를 연결해 주는 것이 바로 종신보험이다.

몇 년 전 열차에서 화재사고가 발생했다. 당시 열차에 타고 있던 남편은 아내에게 전화해서 단 두 마디만 남겼다. 그 두 마디는 "사랑한다!"와 "미안하다!"였다. "사랑한다"는 말은 가족에 대한 사랑의 표현이다. "미안하다"는 말은 아내에게 가족을 부양해야 할 부담을 남겨두고 떠나는 미안함의 표현이다. 상환하지 못한 주택 관련 대출금, 아이들의 교육비, 가족들의 생활비 등등. 시간이 지나면 사랑한다는 감정은 옅어지지만, 경제적인 미안함은 하나씩 현실로 나타난다. 대출금을 갚지 못하면 이사를 가야 하고, 교육비가 없으면 자녀들이 학원을 다니지 못하고, 생활비가 없으면 아이들 목에 열쇠를 걸어주고 일하러 나가야 한다. 돈으로 사랑을 대신할 수는 없다. 하지만 돈에 사랑을 담을 수는 있다.

드라마 도깨비에서, 갑자기 사망하면 멋진 찻집에서 저승사자가 차를 권하며,

"드세요~. 이 차를 마시면 이승에서의 모든 기억이 잊혀질 겁니다." 하는 장면이 나옵니다.

바로 '망각의 차'입니다. 그러나 대부분 그 차를 바로 마시지 못하고 망설입니다. 그때 저승사자가 묻습니다. "혹시, 잊을 수 없는 사람이 있습니까?"

당신은 누가 떠오르시나요?

자녀는 부모를, 부모는 자녀를 이야기합니다. 그때 저승사자가 다시 묻습니다.

"혹시 그 잊을 수 없는 사람들에게 무슨 말을 전해주고 싶으세요?"

하고물으면, 대부분 '사랑해요!', '고마워요!', '미안해요!' 중에서 한 가지를 이야기합니다.

죽으면 나오는 돈이 정말 필요 없을까요? 사망보험금이 부모님께 못 드린 용돈을 대신할 수 있고, 보내드리고 싶었던 부모님의 해외여

행 자금이 될 수도 있습니다.

"어떤 일이 있어도 지켜줄 테니 공부만 열심히 해!"

라고 했던 아빠가 준비못한 자녀의 생활비나 학자금이 될 수도 있습니다.

종신보험은 남겨진 가족에 대한 미안함을 덜어주고, 남은 가족의 아픔을 보듬어주는 명약입니다.

● **종신보험은 자신에 대한 사랑이다**

월세 1천만 원이 나오는 건물은 건물주가 사망해도 수입이 그대로 발생한다. 그러나 똑같이 월 1천만 원을 벌더라도 내가 죽으면 모든 것이 사라진다. 건물과 마찬가지로 살아있거나 죽더라도 자신의 가치를 유지할 수 있는 방법은 자신의 몸값 수준으로 종신보험에 가입하는 것이다. 설령 사망을 하더라도 보험금으로 건물을 구입하면 매월 1천만 원의 수익이 발생되니 자신의 가치를 유지할 수 있다. 그래서 전문직 종사자들은 부동산 구입을 선호한다. 부동산을 구입하기 전에 사망하면 자신의 가치를 유지하지 못하고 가족들에게 빚을 남겨주고 간다. 종신보험은 죽을 때까지 스스로의 가치를 지켜주는 가장 확실한 수단이다. 또한 자신에 대한 사랑을 표현하는 가장 좋은 방법이다.

사람들은 나이가 들어가면서 "잘 죽어야 되는데…."라고 말한다. 혹시라도 죽을 때 자신의 가치가 훼손될까 봐 두렵기 때문이다. 부모는 마지막 순간까지 자식들에게 부담을 주려 하지 않는다. 예전에 60대에 폐결핵 합병증으로 사망한 엄마를 병원에 남겨둔 채 달아난 3남매가 지명수배 되는 사건이 있었다. 병원비 800만 원을 해결하지 못해서였다. 어느 유명 연예인이 중환자실에서 몇 년간 투병하다 사망했는데 가족들이 밀린 병원비를 지불하지 못해 장례를 치르지 못하고 있다는 안타까운 기사를 본 적도 있다. 그분도 방송에 출연하면서 인기를 얻을 때는 몸값이 엄청났을 것이다. 그런데 마지막에는 자녀들에게 큰 부담만 안겨주고 떠났다. 만약 본인이 그 상황을 알았다면 얼마나 자괴감이 들었을까? 종신보험으로 죽을 때까지 자신의 가치를 유지시키는 것이야말로 자신을 사랑하는 가장 확실한 방법이다.

● **종신보험은 세상에 대한 사랑이다**

"고아도 종신보험을 들어요?"

많은 사람들이 책임질 가족이 없으면 종신보험에 가입할 필요가 없다고 생각한다. 그러나 종신보험은 세상에 대한 사랑의 표현이다. 혼자서 살아가는 사람은 없다. 가족이 있는 사람은 가족의 도움으로 살아왔고, 가족이 없는 사람도 누군가의 도움으로 그 자리에 있는 것이다. 그래서 가족이 없는 사람은 세상에 대한 보답으로 종신보험에 가입한다. 예전에 사랑의 집짓기 봉사활동을 하면서 한 노부부를 만난 적이 있다.

"어떻게 오셨어요?"하고 물었더니,

"즐기러 왔어요. 지금까지 누군가의 도움으로 잘 살았으니까 이제부터는 제가 남들을 도와야죠!"

라고 대답했다.

살다보면 사회로부터 받은 도움을 갚지 못 하는 상황이 발생할 수도 있다. 그때는 내 책임이 아니라고 모른 척해야 할까? 종신보험은 불가피한 상황에서도 사회로부터 받은 사랑을 돌려줄 수 있는 유일한 방법이다. 그래서 선진국에서는 고아라고 하더라도 사회생활을 시작하면 제일 먼저 종신보험에 가입한다. 그동안 나를 키워준 사회에 부담을 남기고 떠나고 싶지 않기 때문이다.

코미디언 구봉서 씨는 90세에 사망할 때까지 아무도 모르게 40년간 고아원을 후원했다. 그것도 모자라 숨을 거두는 순간까지 자신이 죽더라도 후원을 끊지 말아달라고 유언을 했다고 한다. 이러한 유언을 가족들이 지킬 수 있으면 다행이다. 설령 유족들이 지키지 못할 상황에서도 종신보험이 있다면 수익자지정을 통해 대신 지켜줄 수 있다. 이 얼마나 숭고한 사랑의 표현인가? 누군가를 도와주고 싶다면 확실해야 한다. 내가 없더라도, 누가 보지 않더라도 공백이 생겨서는 안 된다.

사랑에는 책임이 따른다. 그 책임을 다할 수 없을 때 종신보험이 대신한다.

 돈으로 사랑을 살 수는 없지만 돈에 사랑을 담을 수는 있다

**부모들이 마지막에 남기는 두 마디**

"사랑한다" ········· 감정적 ♥

"미안하다" ········· 경제적

## 6. 원하는 것 vs 필요한 것

● Wants와 Needs

'Wants'는 고객이 원하는 것이고, 'Needs'는 고객에게 필요한 것이다. 예를 들어 벽에 구멍을 뚫어 선반을 고정시키려는 사람은 드릴을 사러 공구가게에 간다. 그 사람이 원하는 것은 드릴이지만 필요한 것은 벽에 선반을 고정시키는 것이다. 설령 가게에 원하는 드릴이 없더라도, 벽에 구멍을 뚫거나 선반을 고정시킬 수 있는 다른 수단이 있다면 괜찮다. 여기서 드릴은 그 사람의 'Wants'에, 선반을 고정시키는 것은 'Needs'에 해당된다. 주인이 고객의 'Wants'에만 초점을 맞추는 사람이라면 드릴이 없으면 고객을 그냥 돌려보낸다. 그러나 고객의 'Needs'에 초점을 맞추는 주인이라면 드릴이 없더라도 선반을 고정시킬 수 있는 다른 제품을 추천한다. 이처럼 'Needs'에 중점을 두면 같은 상황에서도 전혀 다른 결론에 도달한다.

다이어트를 하는 사람의 'Wants'는 몸무게를 줄이는 것이지만,

'Needs'는 예쁜 몸매를 갖거나 자신감의 회복이다. 살을 빼더라도 여전히 몸매가 마음에 들지 않거나 삶에 대한 자신감을 회복하지 못했다면 'Wants'는 충족되었지만 'Needs'는 충족되지 못한 것이다.

  소개를 받아 종신보험을 상담하다 보면 "친구랑 똑같이 설계해주세요." 또는 "친구가 계약한 대로 저도 1억 원을 보장해주세요."라는 말을 듣곤 한다. 이때 고객의 'Wants'를 충족시키는 것은 쉽다. 그러나 'Needs'를 충족시키려면 생활비, 교육비, 대출금, 노후자금, 의료비 등과 같은 필요자금, 그리고 저축, 투자 등과 같은 준비자금 등을 모두 파악한 후 계획을 수립해야 한다. 'Needs'를 충족시키려면 많은 시간과 노력이 필요하다. 하지만 일단 충족되면 그 가치는 시간이 지날수록 더욱 빛난다.

  사람들은 주변에서 발생하는 위험을 더 심각하게 생각한다. 위험의 기준을 심각성보다는 발생빈도에 두기 때문이다. 그래서 돈을 지출한 만큼 보상받는 실손보험, 뉴스에 자주 보도되는 사고에 대비하는 상해보험, 흔하게 발생하는 입원, 수술보장, 암보험의 순서로 원한다. 사망보험은 가장 마지막 순위이다. 그러나 보험을 제대로 알면 사망보장이 제일 먼저이고 입원보장은 마지막이 된다. 사망은 단 한 번만 발생하지만 일단 발생하면 모든 것이 끝난다. 가장이 사망한 후 경제적으로 힘들어진 사람은 많이 봤어도 입원비를 받지 못해서 생활이 어려워진 사람은 별로 없다.

● **종신보험 사례**

의사인 고객이 질문을 했다.

**고객**: 집도 없는데 무슨 보험을 먼저 들라는 겁니까? 집을 마련한 다음에 보험도 들어야지.

**세일즈맨**: 그러시군요. 제가 보기엔 원장님께선 단지 집을 사는 것만이 목표는 아닌 것 같은데요?

**고객**: 내가 집을 사는 게 목표라는데 당신이 뭔데 맞다 아니다 하는 거요?

**세일즈맨**: 언짢으셨다면 죄송합니다. 제 말은 집을 사더라도 어떤 경우에든 안전하게 집을 지킬 수 있어야 한다는 뜻이었습니다.

**고객**: 그거야 당연히 그렇죠.

**세일즈맨**: 멋진 집을 구입한 후, 혹시 원장님께 문제가 생기더라도 대출금 상환하는 데 문제가 없도록 해드릴 수 있습니다. 대출금은 언제까지 상환하실 예정이세요?

**고객**: 10년 후요.

**세일즈맨**: 일은 언제까지 하실 예정인가요?

**고객**: 글쎄요. 한 15년 이상은 더 해야겠죠?

**세일즈맨**: 그럼 됐습니다. 상환 기간을 15년으로 늘리시고, 줄어든 상환금액으로 대출금만 큼의 종신보험을 준비하시면 혹시 중간에 사망하셔도 대출금을 상환할 수 있습니다. 그러면 15년 후에는 멋진 집과 납입이 완료된 보장자산을 모두 가지게 됩니다. 원장님은 환자

들이 원하는 치료를 해주세요? 아니면 필요한 치료를 해주세요?

**고객:** 필요한 치료를 해주죠.

**세일즈맨:** 저도 원장님처럼 고객 분들에게 필요한 것을 도와드립니다.

다음은 증권회사에 근무했던 30대 가장의 이야기이다. 그는 아내의 권유로 태아보험을 상담하려고 세일즈맨을 만났다. 종신보험이야말로 어떤 경우에도 아이의 꿈을 지켜주는 최고의 선물이라는 세일즈맨의 설명에 공감한 그는 아이의 태아보험 대신 자신의 종신보험에 가입했다.

어느 날 그는 아내로부터 곶감을 먹고 싶다는 전화를 받았다. 퇴근 후 시장에 들러 곶감을 사서 귀가하던 그는 갑작스럽게 교통사고를 당해 사망했다. 사고 소식을 듣고 현장에 도착한 아내는 피를 흘린 채 쓰러져 있는 남편과 옆에 널려있는 곶감을 보았다. 그로부터 몇 년이 흐른 뒤 딸이 초등학교에 다닐 때가 되었다. 딸은 학교가 너무 멀다고 이사를 가자고 졸랐다. 그러자 아내는 이렇게 말했다.

"이 집은 아빠가 남겨준 집이라 팔 수 없단다. 아빠가 언제 돌아오실지 모르잖니?"

매달 은행에 갈 때마다 딸이 물으면 아내는 이렇게 대답했다.

"아빠가 하늘나라에서 보내주는 생활비를 찾으러 가는 거야."

모녀가 남편, 아빠 없이도 살아갈 수 있는 이유는 딸의 태아보험과 바꾼 아빠의 종신보험이 있었기 때문이다. 만약 그때 태아보험을 선택했다면 어떻게 되었을까? 대출금 때문에 집을 팔거나 엄마는 일하러 나가면서 아이 목에 열쇠를 걸어주어야 했을 것이다.

그때 남편이 가입한 조건은 일반사망으로 종신 주계약 5천만 원, 정기특약 1억 원, 가족수입특약 1억 원의 보장이었다. 남편의 사망으로 지급된 1억5천만 원은 주택의 대출금을 상환했고, 가족수입 1억 원에서 매월 100만 원씩 생활비가 지급되었다.

### ● 세상에 필요한 존재가 되자

나는 세 살 때 아버지가 돌아가셨다. 반면 어머니는 아버지 몫까지 사시는 게 아닌가 싶을 정도로 오래 사셨다. 90세가 넘으면서 어머니 주변 분들은 벌써 많이 세상을 떠나셨다. 그래서인지 어머니는 사는 것보다 죽는 것에 관심이 많으셨다. 누구는 치매로 사람도 못 알아본다더라, 누구는 자식들이 대소변을 받아낸다더라, 누구는 요양원에 들어갔다더라 라는 등의 말씀을 하시다가 마지막에는 항상 이렇게 말씀하셨다.

"나는 잘 죽어야 할 텐데……."

젊어서는 돈을 많이 벌면 성공했다고 하고, 나이가 들면 누군가에게 도움을 주어야 성공했다고 한다. 그래서 나는 청소년들에게 드림

레터를 쓰게 한다. 각자 '비전'과 '미션'을 갖게 하기 위해서다. 비전은 노력하면 이룰 수 있는 뚜렷한 목표다. 미션은 가장 좋지만 가장 멀리 있는 '꿈 너머 꿈'이다. 청소년들이 꿈이 막연해서 쓰기 힘들다고 하면 지금부터 10년 후를 비전으로, 30년 후를 미션으로 생각하라고 한다. 그러면 신기하게도 10년 후 비전으로는 자기가 하고 싶은 것을 주로 쓰지만, 30년 후 미션으로는 대부분 누군가를 도와주고 싶은 것을 쓴다. 지금 당장은 내가 잘 살기를 원하지만, 나이가 들수록 다른 사람을 도우며 잘 죽기를 원한다.

나 역시 누군가에게 필요한 사람이 되고 싶다. 그래서 나는 상담을 할 때 이렇게 말한다.

"저는 고객님이 원하는 것만 해드릴 수는 없습니다. 원하는 것만 해 달라고 하신다면 다른 담당자를 찾으셔야 합니다."

단순히 고객이 원하는 일을 해 주는 것은 내가 아니어도 할 수 있다. 나는 표면적인 'Wants' 너머에 있는 고객의 'Needs'를 파악하는 일을 중요하게 생각한다. 그것이 진정한 종신보험 세일즈맨의 역할이기 때문이다.

### 원하는 순서 / 필요한 순서

**보장을 원하는 순서**

❶ 실손보험
❷ 상해보험
❸ 암보험
❹ 입원전문보험
❺ 건강보험
❻ 간병보험
❼ CI보험
❽ 사망보험

**보장이 필요한 순서**

❶ 사망
❷ 두눈 실명
❸ 간이식
❹ 뇌출혈
❺ 치매
❻ 초기 위암
❼ 맹장수술
❽ 입원

# 7. 종신보험의 아이스(ICE) 오션

● 세일즈에 재미를 붙여주는 종신보험

나는 종신보험을 ICE 원칙으로 설명한다.

ICE 원칙이란 재미있고(Interesting), 명확하고(Clear), 쉽게(Easy) 설명하는 것을 말한다. 레드오션은 먹을 것은 많은데 치열하게 경쟁해야 한다. 블루오션은 경쟁은 적은 데 먹을 것이 많지 않다. 한편 남극대륙은 춥고 멀어서 아무나 접근하지 못한다. 그러나 일단 도착만 하면 온갖 생물과 자원이 무궁무진하게 널려 있다. 종신보험 세일즈는 진입장벽이 높지만 일단 진입하면 새로운 기회를 잡을 수 있다. 그런 점에서 종신보험은 세일즈계의 아이스오션이라고 할 수 있다. 다들 어렵고 두려워서 기피하는 보험세일즈, 그리고 보험세일즈 중에서도 가장 힘들다는 종신보험을 재미있고 명확하고 쉽게 설명할 수만 있다면 누구나 엄청난 기회를 가질 수 있다.

명강사들은 결코 난해하게 가르치지 않는다. 그들은 어렵고 재미없는 이야기를 쉽고 재미있게 풀어낸다. 그래서 높은 보수와 인정을 받는 것이다. 종신보험에 관한 설명은 대개 복잡하고 어렵다. 더구나 질병이나 죽음에 관련된 이야기를 듣고 싶어 하는 사람은 거의 없다. 영업 초창기에 소개받은 고객과 상담을 한 적이 있다. 설명을 듣던 고객은 30분 만에 자리를 박차고 일어섰다.

"왜 이렇게 보험을 재미없게 설명해요?"

당시 황당하기도 하고 비참하기도 해서 그대로 앉아 무엇이 문제일까 생각해 보았다. 부끄러웠던 그때의 일은 내가 종신보험을 재미있고 명확하고 쉽게 설명하게 된 중요한 계기가 되었다. 입에는 쓰지만, 몸에는 좋은 약이 된 셈이다.

요즘 나는 보이지 않는 종신보험을 재미있게 판매하기 위해 여러 가지 도구들을 활용한다. 대표적인 도구가 '뚫어뻥'이다. 변기가 막히기를 기대하며 뚫어뻥을 사는 사람은 없다. 그런데 변기가 막혀서 곤란할 때 비로소 뚫어뻥이 제 역할을 한다. 종신보험도 마찬가지다. 죽기를 기대하며 종신보험에 가입하는 사람은 없다. 그러나 죽음의 순간이 다가올 때 종신보험은 가족들을 지켜주는 든든한 방어막이 된다. 나는 상담할 때 뚫어뻥 열쇠고리를 가져가서 고객에게 선물로 준다. 우리 주변에는 뚫어뻥처럼 종신보험을 재미있게 설명할 다양한 도구들이 많이 있다. 각자 자신에게 맞는 소재를 찾아서 종신보험을 고객들에게 재미있고, 명확하게, 그러면서도 쉽게 설명해보라! 세일즈가 훨씬 즐거워진다.

요즘 시간이 날 때마다 어떻게 하면 종신보험을 ICE 원칙에 맞춰 설명할까 고민한다. 물론 그 기준은 철저하게 고객의 관점이다. 종신보험 세일즈맨에게 죽음이나 사망이란 단어는 낯설지 않다. 죽음은 누구도 피할 수 없는 삶의 종착지이다. 그러나 미리 준비하고, 의미를 부여하면 두려움 없이 받아들일 수 있다. 문제는 재미다. 아무리 유익한 방송 프로그램이라도 재미가 없으면 사람들은 채널을 돌린다. 종신보험도 고객의 관심에서 멀어지는 순간 모든 것이 물거품이 된다. 재미없게 설명해서 종신보험에 관심을 잃게 하는 것은 고객에게 죄를 짓는 것이나 마찬가지다.

고객이 듣기 싫은 소리를 해도 세일즈맨이 부드럽게 대응하면 어색했던 분위기가 오히려 재미있게 바뀌기도 한다. 다음은 여성 고객과의 실제 사례이다.

"표정이 너무 어두워요. 집안에 우환 있으세요? 다른 세일즈맨들은 복장도 세련되고 밝은 표정으로 이야기하던데 너무 비교되네요."

사실 세일즈를 하는 사람에게는 큰 상처로 남을 수 있는 말이었다. 그러나 나는 이렇게 대답했다.

"제가 시골에서 7남매의 막내로 어렵게 자라서 그렇게 보이나 봐요. 그래도 이렇게 오래 재미없는 종신보험을 팔면서 버티고 있으니 저도 신기하네요. 이런 어려움 속에서 열심히 노력하는 저 같은 사람이 잘 되어야 하지 않을까요?"

나의 능청스런 대답에 고객은 웃음을 터트렸고 좋은 분위기에서 마침내 계약을 클로징할 수 있었다.

● **종신보험을 알면 보험세일즈가 명확해진다**

앞서 언급했듯이 종신보험은 죽음을 전제로 한 상품이다. 죽어서야 가치가 드러나는 종신보험의 본질을 전달하면 세일즈가 명확해진다. '죽음'과 같이 어렵고 껄끄러운 문제일수록 정면으로 돌파해야 한다. 가끔 '저축이다', '연금과 같다'라는 식으로 설명을 하는데 그럴 경우 종신보험의 본질적인 가치가 흐려진다. 애매하게 설명하면 고객은 혼란스러워하다가 결국 선택을 포기한다. 고객은 세일즈맨이 이렇게 말하기를 기대한다.

"제가 종신보험을 선택해야 할 이유를 명확하게 설명해주세요. 그래야 제가 빨리 결정하고 하고 싶은 일을 할 수 있어요. 제발 돌려 말하지 마세요. 바라건대 저에게 확신을 주세요."

세일즈맨은 고객이 빨리 결정할 수 있도록 도와주는 안내자다. 종신보험은 죽어야 받기 때문에 가치가 있다고 명확하게 말해야 한다.

전문가는 누구나 쉽게 이해할 수 있도록 명확하게 설명한다. 내가 이해하지 못하는 상품을 고객에게 판매해서는 안 된다. 상품을 완벽하게 이해하고 있으면 고객이 질문할수록 열정이 불타오른다. 이렇듯 종신보험을 명확하게 설명할 수 있으면 세일즈의 미래가 밝아진다.

● 보험세일즈를 쉽게 만드는 종신보험

모든 상품은 시간이 지날수록 필요성이 줄어들다가 결국 새 제품으로 대체된다. 그러나 종신보험은 시간이 지나면 지날수록 가치가 더욱 올라가는 골동품과 같다. 나는 지금까지 다른 상품에 비해 상대적으로 판매가 어렵다는 종신보험에 집중했다. 그동안 다양한 사례들을 경험하면서 종신보험의 가치를 실감하고 있으므로 확신을 갖고 고객에게 상품을 추천할 수 있었다. 확신이 담긴 말은 고객의 마음을 움직인다.

한 친구는 자동차 공해를 줄여주는 기술로 30년 넘게 사업을 하고 있다. 한창 돈을 많이 벌 때는 기술개발에 투자를 많이 했다. 그러나 친환경 자동차가 출시되면서 사업이 점점 힘들어지고 있다. 이처럼 기술에만 의존할 경우 상황변화에 따라 사업의 뿌리가 흔들릴 수 있다. 그러나 종신보험의 근본은 가족사랑이다. 이는 인류의 역사와 함께 존재해 온 가치이며 앞으로도 변하지 않을 것이다. 죽음 또한 항상 존재해 왔다. 누구도 죽음을 피할 수는 없다. 종신보험은 가족사랑이라는 변치 않는 가치와 죽음이라는 누구도 피할 수 없는 운명에 뿌리를 두고 있다. 가치가 변하거나 흔들리지 않는다면 시간이 흐르면서 그 가치는 점점 높아진다.

얼마 전 산꼭대기에 있던 아버지 산소를 도로에서 가까운 곳으로 이장을 했다. 아버지의 유골은 생각보다 가벼웠다. 이제 다시는 산꼭대기에 오지 못할 것 같은 아쉬운 느낌과 함께 그동안 아버지를 지켜준 묏자리에 대한 고마운 마음이 들었다. 그래서 일꾼들에게 약간의 사례를 하고 나무를 두 그루 심어달라고 부탁했다. 시신을 맡아줬던 묏자리에도 이렇게 마음이 가는데, 세상을 떠난 사람의 빈자리를 돌봐줄 사람에게는 얼마나 마음이 가셨는가?

종신보험은 보험 중에서도 가장 난이도가 높다. 고객에게 죽음 이후의 혜택을 파는 것은 쉬운 일이 아니다. 그래서 종신보험 판매를 경험하면 다른 상품은 어렵지 않게 판매할 수 있다. 종신보험이야말로 보험세일즈를 쉽게 해주는 가장 확실한 도구다.

살아서 혜택을 보는 특약이나 저축성보험에 집중하면 고객은 상품에만 관심을 갖는다. 하지만 사망 이후 가족들의 삶을 지켜주는 보장에 집중하면 고객은 사람에게 관심을 갖는다. 사람을 중요하게 생각하면 그 사람이 오랫동안 일할 수 있도록 주변 사람에게 소개도 잘해준다. 종신보험에 집중하라! 세일즈가 쉬워질 것이다!

**삶의 뚫어뻥 종신보험**

- 화장실의 험한 일 방지

- 구입할 때 생각

- 암, 사망보험 가입시도 같은 생각

- 화장실의 위험은 당연히 준비

- 삶의 험한 일에 대한 대비는?

# PART 2

# I: 재미있는 종신보험
# (Interesting)

## 1. 기준을 지키면 슬럼프는 없다

● **나만의 기준을 정한다**

내가 지켜야 할 기준은 무엇인가? 건강을 지키기 위한 허리둘레의 기준은 벨트 구멍이 정해준다. 보험세일즈와 관련된 기준은 대수의 법칙을 활용하면 된다. 나는 1주일에 3건의 계약을 하기 위해 150명의 전화할 대상을 찾는다. 그것이 첫 번째 기준이다. 150명 중에서 50명과 통화할 수 있고, 50명과 통화하면 보통 15명을 만날 수 있다. 그 중에 3명이 계약한다.

15명을 만날 수 없으면 TA 스크립트를 점검하거나 TA 숫자를 늘려야 한다. 15개의 AP가 잘되면 10개의 팩트 파인딩을 받을 수 있다. 그 중 6건 정도의 PC를 하게 되고 3건의 청약을 할 수 있다. 청약으로 연결되지 않으면 거슬러 올라가서 그 원인을 찾아야 한다. 열정 부족인지, 확신 부족인지, 아니면 고객의 마음을 얻지 못했는지를 고민하는 것은 그다음 문제다. 기준을 세우고 지키는 것이 우선이다. 기준은 자신과의 약속이다.

기준을 정하지 않은 세일즈맨들은 적게 만나면서 큰 성과를 기대한다. 기준이 없다 보니 전화를 10통쯤 하고서도 마치 50통 했다고 착각한다. 제대로 기준을 정해서 지키면 슬럼프는 없다. 50명과 통화해야 3건의 계약을 하는 세일즈맨도 있고, 70명과 통화해야 목표를 이룰 수 있는 세일즈맨도 있다. 각자 자기에게 맞는 기준을 정하고 그 기준을 지키면 된다. 기준은 잘게 쪼개는 것이 효과적이다. 한 달보다는 1주일의 기준이, 1주일보다는 1일의 기준을 세우는 것이 좋다. 기준은 나를 속박하는 것 같지만 사실은 자유롭게 해준다. 기준 없이는 활동을 지속하기 힘들다. 기준을 정하고 그 기준만 지키면 목표는 자연스럽게 달성된다.

나는 마라톤 풀 코스를 7번 완주했다. 풀코스를 완주하려면 풀코스 거리의 5배 이상을 연습해야 한다. 즉 평소에 $200km$ 이상을 연습해야 $42.195km$ 풀코스를 완주할 수 있다. 이것이 나만의 기준이다. 사하라 사막마라톤 $250km$에 참가할 때도 $1,000km$ 이상을 연습했다. 내 성공과 실패는 스스로 세운 기준을 넘어섰는지만 보면 된다. 나머지는 하나님이 알아서 하실 일이다. 몇 년 전, 춘천마라톤 참가 신청을 했는데, 그때 너무 바쁘다 보니 2달 전까지 연습을 전혀 하지 못했다. 사람들은 연습을 전혀 할 수 없었는데 어떻게 완주를 하냐고 걱정했다. 하지만 나는 걱정하지 않았다. 남은 2달 안에 내가 정한 기준만 통과하면 된다는 것을 알기 때문이다. 마라톤 완주 여부를 알 수는 없다. 내가 통제할 수도 없다. 하지만 내 기준을 달성하는 것은 내가 통제할 수 있다.

≪공부톡 인생톡≫을 같이 쓴 나의 꿈 친구인 수능전문가 오대교 원장의 말에 따르면, 수능에서 수학 1등급을 목표로 세운 학생은 1년 동안 매일 30문제씩 풀면 된다고 한다. 매일 20문제를 풀면 2등급, 10문제를 풀면 3등급이다. 이는 그가 수능 만점을 맞은 후에도 이과로 5번, 문과로 5번 수능에 다시 응시하여 얻은 결과로 도출한 평균적인 기준이다. 수능을 보기 전까지 한 달에 700문제를 풀면 2등급을 받을 수 있다. 그런데 기준이 없는 학생은 700문제를 풀었으면서 1등급이 나오지 않았다고 억울해한다. 그럴 때는 운이 없다고 한탄하기보다는 자신이 1등급을 받을 수 있는 기준을 지켰는지 돌아봐야 한다. 2등급의 기준을 지켰으면서 1등급이 나오지 않았다고 한탄해서는 안 된다. 기준이 명확한 학생은 결과에 대해 억울해하지 않는다.

기준을 정하는 것은 볼링에서 Aim Spot을 겨냥하는 것과 같다. 마라톤 풀코스를 완주하기 위해서는 '200$km$ 연습'이라는 Aim Spot을 통과해야 한다. 수능에서 수학 1등급을 받기 위해서는 하루에 '30문제 풀기'라는 Aim Spot을 통과해야 한다. 내가 3건의 계약을 하려면 1주일에 '50통의 전화', 하루에 '3명의 AP', 또는 하루에 '3명을 소개'받아야 하는 Aim Spot을 통과해야 한다. 각자 자신에게 맞는 기준을 정하기는 쉽지 않다. 자리에 앉아 머리로 계산해서 그 기준을 정하지 말고 실제 현장에서 발로 뛰면서 세워야 한다. 마라톤 연습의 기준은 마라톤을 뛰면서 세우고, TA의 기준은 전화를 하면서 세워야 한다. 그래야 자신의 상태를 점검하고 실현 가능한 기준을 만들 수 있다.

세일즈맨들이 기준을 세우지 못하는 이유는 크게 두 가지다.

첫 번째는 그 기준을 지키는 것이 힘들기 때문이다. 1주일에 50통의 전화를 하는 것은 누구에게도 쉽지 않다. 그래서 대충 타협을 하거나 노력도 하지 않고 결과부터 바란다.

두 번째는 자신의 실상을 직시하는 것이 두렵기 때문이다. 기준을 정해서 체크하다보면 자신이 얼마나 나태하고 기준에서 벗어나 있는지가 적나라하게 드러난다. 그래서 구체적인 기준 없이 활동하면서 '나름대로 열심히 했다'는 스스로의 위안 뒤로 숨는다.

두려움은 정면에서 돌파해야 한다. 그렇지 않으면 더 큰 두려움이 따라온다. 세일즈도 마찬가지다. 기준을 세우지 않으면 세일즈 시스템은 금방 무너진다. 내가 지속적으로 지켜갈 수 있는 기준을 세우고 자신의 노력을 계량화하며 세일즈를 해야 한다.

● **기준과 슬럼프**

인간관계에서 약속을 지키지 않으면 문제가 발생한다. 이는 자기 자신과의 약속에서도 마찬가지이다. 슬럼프는 자신과의 약속을 지키지 않고 남과 경쟁할 때 찾아온다. 자신만의 기준이 있으면 남과 경쟁할 필요가 없다. 단계별 check list를 만들어서 점검하면 슬럼프는 능력의 부족이 아니라 노력의 부족에서 오는 것임을 자연스럽게 알게 된다. 남과 경쟁을 하지 않으니 인간관계도 좋아진다.

어느 날 내 강의를 수강했던 한 동료로부터 전화가 왔다.
"선배님! 요즘 일이 너무 안 돼서 힘들어요. 좋은 팁이나 비법 좀 가르쳐주세요."
"세일즈를 할 때 본인이 정한 기준을 지키고 있나요?"
"매일 전화하는 기준을 정해서 하는데 생각대로 잘 안 돼요."
"내가 지금은 바빠서 그러는데 한 달 후에 찾아오면 정말 획기적인 비법을 알려줄게요."
"정말이요? 감사합니다."
"그런데 한 가지 조건이 있어요."
"시키시는 일이라면 뭐든지 다 할게요. 그게 뭔데요?"
"지금부터 4주 동안 일주일에 TA50을 하고 그 리스트를 갖고 오면 돼요."

결국 그 동료는 오지 않았다. 아니 올 수가 없었을 것이다. 전화 50통을 못해서 오지 않았을 수도 있고, 4주 동안 매주 50통의 전화를 하고 나서 일이 바빠져서 오지 못했을 수도 있다. 그 동료가 나에게 기대했던 비법은 어쩌면 전화하지 않고, 사람을 만나지 않고, 계약할 수 있는 방법을 알려달라는 것이 아니었을까? 그러나 세일즈의 신이라고 할지라도 그런 방법은 없다. 다시 말하지만 자신이 정한 기준을 지키면 슬럼프는 없다. 지금 슬럼프라는 생각이 들면 자신과의 약속, 즉 자신이 설정한 활동기준을 잘 지키고 있는지 살펴보면 된다.

일정한 기준을 정하지 않고 일하는 세일즈맨은 금방 지친다. 그럴 때는 그 세일즈맨의 유효 활동량을 점검해보자. 면밀히 활동을 분석해보면 상담을 몇 번 해보지도 않고

"저는 종신보험은 못 팔겠어요. 저에게는 투자상품 판매가 맞아요."

라고 이야기하는 세일즈맨도 있다. 이런 세일즈맨은 차라리 빨리 그만두는 것이 다행일 수도 있다. 자신과의 약속도 지키지 못하면서 어떻게 고객과의 약속을 지킬 수 있겠는가?

종신보험을 잘 판매하기 위해서는 가망고객 앞에서 자신감을 갖고 죽음을 이야기할 수 있어야 한다. 그래야 언제 닥칠지 모르는 죽음을 자연스럽게 받아들이고 남겨질 가족들의 어려움을 생각할 수 있다. 세일즈 초창기에 종신보험을 판매하기 위해 나는 고객 앞에서 하루에 10번 이상 죽음을 이야기하기로 스스로 기준을 정했다.

물을 싫어하는 수영선수는 시합에 나갈 수가 없다. 죽음에 대하여 말하는 것을 두려워하는 세일즈맨은 사망보험을 팔 수 없다.

 기준

### 3W

| T/A | AP | FF | P | C | N | 소개 | 유효Activity |
|---|---|---|---|---|---|---|---|
| 50 | 15 | 10 | 6 | 6 | 3 | 3 | 40 |

### 2W

| T/A | AP | FF | P | C | N | 소개 | 유효Activity |
|---|---|---|---|---|---|---|---|
| 40 | 12 | 6 | 5 | 5 | 2 | 3 | 30 |

 자기에게 맞는 기준을 정하세요!
기준은 자신과의 약속, 지키면 슬럼프는 없다!!

## 2. 생각의 속도로 시도하라

● 마음속의 두 마리 개

우리는 매순간 선택을 해야 한다. 밥을 먹을 때도 한 숟가락을 더 먹을까 말까를 고민하고, 아침에 눈을 뜨면서도 일어날까 말까를 고민한다. 길을 걷다가 껌을 파는 불쌍한 사람을 보면 껌을 살까 말까 고민한다. 이처럼 우리의 삶은 선택의 연속이다.

우리가 선택 앞에서 고민하는 이유는 뭘까? 마음속에서 욕구와 이성이 갈등하기 때문이다. 욕구와 이성은 늘 갈등을 하며 삶의 방향을 바꾸어 놓는다. 인디언의 구전 이야기에 따르면 인간의 마음속에는 두 마리 개가 살고 있다고 한다. 한 마리는 착한 개고, 다른 한 마리는 못된 개다. 이 두 마리 개가 서로 싸우면 누가 이길까? 결과는 평소에 주인이 어느 쪽에 있는 개에게 밥을 주는지에 달려 있다. 착한 개에게 밥을 주면 착한 개가 이기고, 못된 개에게 밥을 주면 못된 개가 이긴다.

우리의 마음속에도 희망과 의심이라는 두 마리 개가 살고 있다. 마음의 주인을 향해 희망이라는 개는

"혹시 모르잖아?"

라고 말하고 의심이라는 개는

"그게 가능하겠어?"

라고 묻는다. 내가 밥을 주는 개는 주로 '희망' 쪽이다.

'가능성은 낮지만 혹시 모르잖아? 나는 사람 만나는 일을 하고 있어. 예전에도 혹시나 하고 갔는데 좋은 계약을 했던 적도 있고, 본인은 계약을 하지 못했어도 다른 사람을 소개해준 적도 있었지.'

그래서 나는 계약 가능성에 상관없이 사람을 만난다. 만나는 사람마다 계약을 해야 한다면 만날 수 있는 사람이 별로 없다. 대부분의 시간을 사무실에 앉아 있어야 한다. 나는 항상 만나러 가는 과정에서 시간을 어떻게 유익하게 보낼까 고민한다. 그러면 허탕을 치더라도 그 과정에서 의미를 찾는다.

'요즘 형편이 어렵다고 했었는데 계약이 가능하겠어? 괜히 시간 낭비하면서 고생만 할 거야. 예전에도 가능성이 없는데 혹시나 하고 갔다가 돈만 쓰고 엄청 고생했었지!'

이렇게 '의심'에게 밥을 주면 자꾸 과거의 실패했던 기억만 떠오른다. 그러면 세일즈를 부정적으로 보게 되고 점점 더 힘들어질 수밖에 없다. 당신은 어느 개에게 밥을 주고 싶은가?

세일즈 초기에 사무실에 하루 종일 앉아 있는 내 스스로가 한심해서 무작정 밖으로 뛰쳐나간 적이 있다. 사무실에 있으면 생각이 많아지고, 생각이 많아지면 발이 무거워진다. 발이 무거워지면 점점 더 생각이 많아지는 악순환이 반복된다. 고객을 위한 생각은 많이 해도 좋다. 하지만 혼자 있을 때 떠오르는 생각은 주로 두려움, 게으름, 욕심 등 부정적인 생각들이다. 세일즈는 머리가 아니라, 발로 하는 것이다. 생각도 가방을 들고 움직이면서 해야 한다. 예를 들어 추운 겨울날 새벽에 일어난다고 가정해보자. 문을 열면 밖에는 차가운 바람이 몰아친다. 이불 속에서 '일어나야지. 일어나야지. 일어나야지' 외치면 일어나지 못한다. 눈을 뜨자마자 아무 생각 없이 자리를 박차고 일어나야 한다.

시도하지 않으면 변화는 일어나지 않는다. 10년 동안 히말라야에 가고 싶다는 이야기를 하면서 떠나지 못하는 사람이 있다. 히말라야에 가야 한다는 생각이 머리 속에서 맴돌고만 있다. 시간이 지날수록 갈 수 없는 명분과 이유는 점점 더 늘어난다. 꿀벌과 파리를 유리병에 넣고 옆으로 눕혀 놓은 다음, 막힌 쪽에 빛을 비추면 꿀벌보다 파리가 먼저 빠져나간다. 영리한 꿀벌이 궁리를 할 동안 단순한 파리는 일단 움직이기 때문이다. 보험세일즈에서도 생각만 하는 것보다 발로 뛰면서 시도해야 성공확률이 높다. 세일즈를 하다 보면 안 될 것 같았던 계약이 쉽게 되고, 쉽게 될 것 같았던 계약이 안 되는 경우도 많다. 부정확한 정보로 시도할까 말까 고민하지 말고, 그냥 모든 것을 시도해 보는 것이 좋다.

● 공부하지 마라

공부를 먼저 하면 공부에 회의가 들고 공상을 한다. 그러다 보면 세일즈에서 멀어지고 힘이 빠져서 포기하고 만다. 사람을 만나는 것에서 시작하면 실제로 해야 할 것을 알게 되고 경험한 것을 토대로 실행하니까 세일즈에 자신감이 생긴다. 필요한 준비만 하니까 가장 효율적으로 완벽한 준비가 가능하다.

세일즈가 안 될 때 공부를 하면 더 힘들어진다. 여기서 말하는 공부는 지식적인 공부를 말한다. 공부를 세일즈로 착각하는 사람들이 많다. 역도 선수가 근육을 키우려면 책만 읽어서는 안 된다. 옆에서 운동하는 동료를 구경만 해서도 안 된다. 직접 체육관에 나가 역기를 들어야 한다. 세일즈맨은 사람을 만나서 이야기하고 성과를 내는 사람이다. 상어도 바다를 떠나면 힘을 잃듯이 지식도 현장에서 멀어지면 힘을 잃는다.

진정한 공부는 현실과 밀접히 관련되어 있다. 만약 고객이 상속증여에 대해 물어본다면 절대로 그 자리에서 바로 해답을 주려고 하지 마라.

"상속증여는 매우 중요한 것이기 때문에 고객님께서 쉽게 이해할 수 있도록 자료를 정리해서 다음에 설명을 드리겠습니다."

라고 답변한 후 돌아와서 공부를 해야 한다. 다음 만남 때 고객에게 해답을 알려주어야 하기 때문에 지식이 머리에 쏙쏙 들어온다. 반면 상속증여에 대해 이야기해줄 대상이 없이 무작정 책으로 공부를 하다 보면 머리만 아프고 졸릴 뿐이다.

고객이 질문했던 내용을 정리하여 설명을 했는데, 또다시 고객이 다른 질문을 할 경우에도
"이것도 제가 다시 체계적으로 정리를 해서 다음에 설명드리겠습니다. 오늘은 제가 다른 약속이 있어서 이만 가봐야 할 것 같습니다."
라고 대답하고 다음 스케줄로 출발해야 한다. 이렇게 공부를 하면서 상담을 진행하면 갑과 을의 위치가 바뀐다. 처음에는 고객이 갑이었지만 질문에 대한 답변을 기다리는 입장이 되면 세일즈맨이 주도권을 잡게 된다. 고객에게 상품을 팔아야 하는 을의 입장에서 고객에게 정보를 가르쳐주는 갑의 입장으로 바뀐다.

고객도 자신과 관련 없는 정보를 2~3시간 동안 듣는 것보다는 정말로 알고 싶은 정보를 10~20분 동안 집중해서 듣기 때문에 매우 효과적이고 효율적이라고 생각한다. 그러면 자연스럽게 다음 만남도 기다려진다. 결국 만남이 거듭될수록 신뢰가 쌓이고, 신뢰가 쌓이면 계약은 저절로 이루어진다. 단번에 계약을 성사시키겠다는 욕심을 버리고 만남의 횟수를 늘려서 신뢰를 얻는 것이 성공의 지름길이다.

세일즈는 전화하고 만나는 일이다. '우문현답' 우리의 모든 문제는 현장에 답이 있다!

### 공부보다 만남이 먼저다

## 3. 한계를 넘으면 자유가 있다

● 원하는 것 이상을 줘라

성경을 보면 오른뺨을 때리거든 왼뺨을 내밀라는 구절이 나온다. 오른뺨을 맞은 것도 화가 나는데 다른 뺨을 내밀기가 쉽겠는가? 하지만 이것은 상대를 위해서가 아니라 자기 자신을 위해서다. 사람은 누구나 주인이 되기를 원하지 노예가 되기를 원하지 않는다. 자유는 자발적으로 남에게 무언가를 주어야 얻을 수 있다. 이때 중요한 것은 상대가 바라는 한계를 넘어서 그 이상을 주어야 한다.

은행에 근무하는 후배가 신상품 캠페인 기간인데 신청서 5장만 받아달라고 나에게 부탁했다. 그래서 내가 물었다.

"많이 할수록 본인에게 도움이 되나요?"

"한 건 한 건이 소중하죠. 선배님도 많이 힘드실 텐데 부담 드려서 죄송합니다."

"신청서를 20장 줘 봐요. 내가 해보는 데까지 해볼게요."

결국 15장의 신청서를 받아서 전달했다. 후배는 깜짝 놀라며 매우 기뻐했다. 후배의 부탁을 받아서 마지못해 억지로 5장을 해주었다면 나도 후배도 아무런 감동이 없었을 것이다. 딱 5장만 채우는 것보다는 기꺼이 15장을 받는 것이 훨씬 즐겁고 덜 힘들다. 그만큼 바쁘게 발품을 팔아야겠지만 그 발걸음은 내가 자발적으로 돕는 것이기에 즐겁다. 이런 부탁이 계기가 되어 그 후에 후배의 자녀들 계약을 추가로 했다.

상대가 원하는 것만 해주면 일의 노예가 된다. 그러나 상대가 원하는 것의 몇 배를 해주면 오히려 일이 즐거워진다. 일의 주인이 되는 것이다. 종신보험에서 고객이 원하는 것은 사망보험금을 받는 것이다. 보험 세일즈맨의 책임은 그 시점에서 일단 끝났다고 생각할 수도 있다. 그런데 보험 세일즈맨이 유자녀의 멘토 역할을 하고 취업 관련 도움을 준다면 어떨까? 고객은 원하는 것을 받으면 고마워하지만, 원하는 것 이상을 받으면 감동한다.

백척간두 진일보(百尺竿頭進一步)라는 말이 있다. 백 자나 되는 높은 장대 위에서 멈추지 않고 또 한 걸음 나아간다는 뜻이다. 모든 서비스가 완성되었다고 생각할 때 한 걸음 더 나아가면 고객은 감동하고 세일즈맨은 보람을 얻는다. 이는 앞으로 세일즈를 계속할 수 있는 원동력이 된다.

나는 앞으로 사망한 고객의 자녀와 계속 연락하며 멘토 역할을 하고 있다. 시간이 흘러 그 자녀가 사회생활을 시작하자 나에게 인생설계를 부탁했다. 그 자녀의 아빠가 종신보험에 가입할 때 서로 나누었던 이야기를 그대로 해주었다. 자녀는 가족을 사랑했던 아빠의 마음을 이해하면서 눈가가 촉촉해졌다. 그리고 아빠와 마찬가지로 가족을 사랑하는 마음으로 종신보험에 가입했다. 보험금 지급은 세일즈의 끝이 아니다. 새로운 관계의 시작이다.

종신보험은 자신을 위한 것이 아니라 사랑하는 가족을 위해 준비하는 것이다. 지금 갖고 있는 것을 주는 것이 아니라 지금 줄 수 없는 것을 보장으로 만들어서 미리 준다. 종신보험에 가입하는 사람들은 죽으면서까지 가족에게 나눠주려고 한다. 세일즈맨도 나눠주려는 마음을 갖고 고객을 대해야 한다. 100+1은 모든 것을 가능하게 하지만, 100-1은 99가 아니라 0이 되는 경우가 많다. 99%를 주고도 1%가 부족하면 실패할 가능성이 높다. 그 실패한 것은 101%를 달성한 사람의 몫이 된다. 다 주었다는 생각이 들 때 하나를 더 주어라. 그러면 모든 것을 얻는다.


● 한계를 넘으면 자유가 기다린다

비약적인 발전은 한계를 넘어설 때 일어난다. 한계에서 망설이는 사람은 항상 여기저기 끌려 다닌다. 철판을 휘려고 할 때 완전히 꺾어질 때까지 휘지 않으면 원위치로 돌아간다. 원래 상태로 돌아가고자 하는 탄성이 있기 때문이다. 쇠뿔도 단김에 빼랬다고 단번에 더 이상 돌아오지 않는 선까지 꺾어야만 한다. 처음에는 힘들게 생각되지만 결과적으로 훨씬 적은 노력으로 확실하게 목표에 도달한다.

예전에 태국 방콕에서 서로에게 물을 뿌리는 '쏭크란' 축제를 구경한 적이 있다. 처음에는 물에 젖는 것을 꺼렸는데 몇 번 물을 맞다 보니 흠뻑 젖은 채 물총까지 쏘게 되었다. 축제의 주변인에서 주인이 된 것이다. 적극적으로 뛰어드니 두려웠던 물이 즐겁게 느껴졌다.

종신보험은 고객들이 싫어하고 두려워하는 '죽음'과 관련된 상품이다. '죽음'이라는 부정적인 단어의 한계를 넘지 못하면 종신보험의 주변인이 된다. 잘 살기 위해서는 먼저 죽음과 친해져야 한다. 그래야 죽음에서 자유롭다.

나는 강의를 신청하는 수강생들에게 수강료 외에 4가지 조건을 제시한다. 첫째 설악산, 지리산, 한라산을 다녀올 것, 둘째 A4용지에 빽빽한 스크립트 내용을 한 글자도 틀리지 않고 외울 것, 셋째 공중전화번호부 명단 500명에게 전화할 것, 넷째 책 한 권을 필사할 것. 이 4가지 조건을 모두 충족시킨 수강생만이 나의 강의를 들을 수 있다. 이러한 까다로운 사전 조건들은 자신의 한계를 넘어서기 위한 것들이다. 이 4가지 조건을 모두 통과한 수강생들은 이미 강의를 받아들일 마음의 준비가 충분히 된 사람들이다.

10회 30만 원짜리 강의와 300만 원짜리 강의 중 어느 쪽이 비쌀까? 30만 원짜리 강의가 더 비싸다. 30만 원을 10회로 나누면 1회에 3만 원이다. 그 정도면 조금만 몸이 아프거나 바빠도 대수롭지 않게 빠진다. 이들은 강사가 내주는 과제도 우습게 본다. 산을 오르거나 스크립트를 외우라고 하면 꼭 그런 걸 해야 하느냐고 되묻는다. 결국 돈은 돈대로 내고 아무것도 얻어가지 못한다. 반면 10회 300만 원짜리 강의는 300만 원을 10회로 나누면 1회에 30만 원이다. 아무리 몸이 아프고 바빠도 1회에 30만 원짜리 강의를 빠질 사람은 없다. 이들에게는 강사의 말이 곧 법이다. 산에 오르라면 산에 오르고 스크립트를 외우라면 스크립트를 외운다. 결국 투자한 것 이상의 가치를 얻어갈 수 있다. 저렴한 강의는 스트레스만 받고 변화가 없기 때문에 가장 비싼 대가를 지불한 것과 같다.

동료가 내 강의를 20분 듣고 전문가에게 종신보험 20억 원을 판매했다고 부산에서 서울까지 인사를 온 적이 있다. 3시간씩 10회에 300만 원이면 절대 비싼 것이 아니다. 그렇게 한번 배우면 평생을 반복적으로 활용 가능하다. 비용의 한계를 넘어야 경제적 자유를 누릴 수 있다.

종신보험도 3천만 원은 보험료 부담이 적어 쉽게 가입할 것 같은데도 별 관심이 없다. 반면 3억 원의 종신보험은 부담이 되지만 필요성을 느끼면 준비하고 싶은 생각이 든다. 관심이 없는 3천만 원의 종신보험은 귀찮게 생각하지만, 3억 원의 종신보험은 이미 선택했다고 생각하고 보험료 마련을 고민한다.

● **자유는 내가 만드는 것이다**

나는 가끔 비싼 강의를 무료로 할 때가 있다. 강의료의 노예가 되기 싫어서이다. 예전에 4번 강의에 수강생들이 40만 원을 예치한 후 모두 출석하면 100%를 돌려주고, 결석 1번에 10만 원씩 벌금을 부과하는 방식으로 아침 7시 강의를 개설한 적이 있다. 첫날은 단 한 명도 지각이나 결석자가 없었다. 그런데 시간이 지나면서 수강생들은 몸이 아프거나 바쁜 일이 생기면 '벌금 10만 원을 내고 빠지느냐, 그냥 강의를 듣느냐' 고민하기 시작했다. 이런 고민에서 자유로울 수 있는 방법이 있다. 자발적으로 10배 금액인 400만 원을 예치하는 것이다. 1번 결석하면 100만 원을 벌금으로 내야 하기 때문에 무조건 나온다. 물론 쉽지는 않지만 가장 효과적인 방법이다. 100% 참석하면 400만 원과 엄청난 변화를 돌려받는 것이다. 보험세일즈를 할 때도 마찬가지다. 노예는 남이 바라는 일을 하지만, 주인은 자신이 바라는 일을 한다. 매니저가 하라는 대로 하루에 딱 3명만 만나면 나는 일의 노예에 불과하다. 하지만 한계를 넘어서 하루에 5명이나 10명을 만나면 일의 주인이 된다.

스스로 자유를 찾는 것도 어렵지만 남들에게 자유를 보장해 주는 것은 더 어렵다. 우리는 다른 사람들의 자유를 침범하면서도 자주 그 사실을 잊곤 한다. 보험 세일즈맨은 계약 욕심이 앞서서 자칫 고객에게 주어진 선택의 자유를 침해하기 쉽다. 진정한 자유를 얻으려면 더 많은 전화, 더 많은 만남, 더 많은 고객 맞춤형 제안이 전제되어야 한다. 잠시 동안 만나고 바로 계약을 성사시키려고 하면 고객도 선택의 자유를 잃을 뿐만 아니라 세일즈맨도 자유를 잃고 일의 노예가 된다.

"저는 10명 정도를 만나면 보통 1~2명과 계약을 합니다. 저는 그저 10명 단위로 만나고 그 중에 누가 계약할지는 모릅니다. 마음을 비우고 최선을 다할 뿐입니다."

이런 마음가짐으로 일을 해야 세일즈맨도 자유롭고 고객도 자유롭다. 자유를 얻으려면 더 부지런히 살아야 한다. 원래 주인이 노예보다 바쁜 법이다.

나는 마라톤을 연습하기 전에 줄넘기를 한다. 줄넘기를 하면서도 한계를 넘어서기 위해 목표를 세워서 도전하고 있다. 보통 1천 번을 넘고 한번 쉬는데 1천 번만 딱 하고 끝내는 게 아니라 100번씩을 더한다. 그러면 1,100번, 2,200번, 3,300번을 하게 돼서 훨씬 쉽게 10,000번을 달성할 수 있다. 한계를 넘어서 100번을 더 할 때마다 이상하게 해방감을 느끼곤 한다. 결국 1만 번을 목표로 잡으면 10,100번이나 11,000번을 하고 끝낸다. 우리 일도 마찬가지가 아닐까? 목표와 싸우지 말고, 목표를 넘어서야 자유를 얻는다.

어떤 보험 세일즈맨이 암에 걸린 아내를 간병하면서 3세짜리 아이도 키우며, 틈틈이 영업을 해서 좋은 실적을 냈다. 아내가 사망한 후 아이를 부모에게 맡기면서 24시간 영업에 전념할 수 있었다. 그런데 영업

시간이 늘어나면 더 잘할 것 같았는데 그렇지 않았다. 결국 그는 힘들어하다 세일즈를 그만두었다. 시간이 많다고 일을 잘하는 것이 아니다. 시간이 많아지면 그만큼 간절함이 줄어들고 불필요한 고민이 끼어든다. 간절함은 부족함에서 만들어진다. 나는 오늘도 어떻게 하면 일하는 시간을 줄여서 간절함을 만들까 고민한다. 간절함이 있어야 한계를 넘고 한계를 넘어야 자유를 얻는다.

터널은 두 가지 기능을 한다. 기적을 만들고 거리를 단축시킨다. 어두운 터널을 지나고 나면 기적 같은 일이 일어나고, 높은 산을 넘지 않아도 된다. 터널을 만들어 지나면 자유를 얻을 수 있다.

강의:30만원(비싼 수강료)/300만원(싼 수강료)

종신보험의 달인 '일사' 황선찬의
**종신보험 세일즈 전문가 과정**

3개월 투자로 30년 먹고 살 수 있는
3시간 10회 1인당 수강료 300만원

30만원(스트레스) ≷ 300만원(변화와 자유)

■ 지원조건
- 지리산, 설악산, 한라산 정상 등반
- A4 용지 1장 분량의 스크립트 한 글자도 안 틀리고 외우기
- 전화번호부 명단 500명에게 전화하기
- 책1권 필사

## 4. 출발점에 골인하라

● 방향이 틀렸으면 출발점으로 가라

나는 '습관적'이라는 말을 '습관'이 '적'이라는 뜻으로 풀이한다. 신라의 명장 김유신은 젊었을 때 천관(天官)이란 여인의 집에 자주 드나들었다. 어머니가 울며 타이르자 유신은 다시는 천관녀의 집에 가지 않겠다고 맹세했다. 그러던 어느 날 김유신이 술에 취하여 말에 오르자 말은 늘 하던 대로 천관녀의 집으로 김유신을 데려갔다. 김유신은 정신을 차리고 칼을 빼 아끼는 말의 목을 베어버렸다. 이처럼 습관은 무섭다. 김유신처럼 애마의 목을 치는 과감한 결단이 없이는 바꿀 수 없다.

일이 잘못됐다 싶으면 처음으로 돌아가야 한다. 타협해서 조금씩 방향을 바꾸는 것은 큰 의미가 없다. 아이들은 젊어져야 할 과거가 없으므로 처음으로 돌아가는 것이 어렵지 않다. 그러나 어른은 다르다. 이건 아닌데 하면서도 그동안 투자한 게 아까워서 계속 잘못된 길을 고집한다. 그러는 사이 손실은 점점 커진다.

"처음 이 일을 시작할 때는 종신보험 위주로 세일즈를 했는데, 요즘은 저축성보험이나 투자상품을 많이 팔아요. 성과는 좋은데 뭔가 허전하고 불안해요."

그럴 때는 그동안 배웠던 모든 노하우를 버리고, 처음 입사했을 때로 돌아가서 다시 출발해야 한다. 투자한 시간이 아까워서 미적거리면 고생만 하고 똑같은 실패를 반복한다.

어느 보험사가 사람을 채용할 때 자격요건을 까다롭게 했다. 특히 다른 보험회사에서 하루라도 보험영업을 했던 경력자는 절대로 채용하지 않았다. 일단 몸에 밴 습관은 바꾸기 힘들다고 판단한 것이다. 성경에 새 술은 새 부대에 담아야 한다는 구절이 나온다. 그 말은 새로운 일을 할 때는 다시 처음부터 시작해야 진정한 변화가 생긴다는 뜻이다. 그런데 많은 세일즈맨들이 현재 위치에서 변화를 시도한다. 그러다 보니 목표로 했던 변화를 하지 못하고 시행착오만 반복할 뿐이다.

세일즈를 하면서 가치를 느끼지 못할 때 진로를 바꾸는 사람들 대부분이 기존의 경험, 능력, 고객 등을 그대로 가져가려고 한다. 그러나 그렇게 하면 99% 다시 실패한다. 도움을 주어야 할 직전에 했던 세일즈 경험이 오히려 중력처럼 과거의 실패 경험으로 끌어당기기 때문이다. 방향을 바꾸려면 기존의 모든 노하우와 경험을 버려야 한다. 과거를 버려야 현재와 미래를 얻을 수 있다. 나도 한때 저축성보험이나 건강보험을 판매했다. 그러나 다시 종신보험 판매에 집중하면서부터는 기존에 해오던 모든 경험을 내려놓고 신입사원의 자세로 처음부터 다시 시작했다. 만약 기존에 해오던 방식대로 하면서 변화를 시도했다면 현재의 나는 없었을 것이다.

● 힘을 얻으려면 바닥으로 내려가라

바닥으로 떨어지는 공을 중간쯤에서 다시 위로 올리는 것은 어렵다. 가장 좋은 방법은 바닥으로 던져서 그 반동으로 튀어 오르게 하는 것이다. 보험세일즈도 마찬가지다. 슬럼프에서 벗어나려면 빨리 바닥까지 내려가야 한다. 세일즈맨이 자신의 장점만 말하다보면 고객과의 거리는 점점 멀어진다. 오히려 단점을 말하면서 바닥으로 내려가야 고객과 쉽게 공감할 수 있다.

**세일즈맨**: 고객님 요즘 어떠세요?

**고객**: 힘만 들고 되는 것이 없네요. 지금보다 앞으로가 더 걱정됩니다.

**세일즈맨**: 저만 힘든 것이 아니었군요. 저도 한 달 동안 새벽부터 저녁 늦게까지 열심히 일 하는데 성과가 전혀 없네요. 제 적성에 맞는 일이 아닌 것 같아서 그만둘까도 생각했는데, 문득 두 가지 생각이 들었어요. 첫 번째는 제가 고객님들에게 끝까지 책임지겠다고 했던 약속이고, 두 번째는 여기서 포기하면 앞으로 어떤 일도 해낼 수 없을 것 같은

생각이 들었어요. 그래서 그만두더라도 열심히 해서 잘될 때 그만둬야 겠다고 결심했어요.

이렇게 자신의 모습을 있는 그대로 보여주면 고객과의 거리감이 확 줄어든다.

'나도 저렇게 어려울 때가 있었는데! 우리 남편도 거래처 확보하느라 어려움을 겪고 있겠지? 힘든 상황에서도 참 열심히 하네! 저런 사람이 잘되어야 하는데…'

이처럼 세일즈맨의 처지에 공감을 하면서부터 고객과 세일즈맨은 서로 같은 편이 된다.

자격증, 학력, 경력, 고객리스트 등은 이미 흘러간 과거다. 나는 요즘 CFP 자격증, 우수인증 설계사, MDRT 종신회원 등과 같은 경력을 고객에게 먼저 말하지 않는다. 이런 경력이 있으면 무의식적으로 그것에 의지한다. 과거 경력에 의존하다 보면 모든 것을 잃을지도 모른다는 두려움에 선뜻 출발점으로 돌아가지 못한다. 국내에서 사업을 하다 실패했던 사람이 외국으로 이민 가서 성공한 경우가 많다. 국내에서는 체면 때문에 식당, 세탁소 일을 하지 못했는데, 이민 가서는 사람들을 전혀 의식하지 않고 열심히 일하기 때문이다. 아는 사람이 아무도 없으니까 쉽게 바닥까지 내려갈 수 있는 것이다. 보험세일즈를 잘하려면 한국에 이민 왔다고 생각하고 자존심을 버려야 한다.

내가 지금까지 행복하게 보험세일즈를 할 수 있었던 비결은 밑바닥까지 내려가서 다시 시작했기 때문이다. 나는 보험에서도 가장 힘들다는 종신보험을 고집했다. 밑바닥은 가장 낮지만 가장 단단하다. 위로만 올라가면 언젠가는 내려와야 한다. 그러나 바닥을 찍으면 올라가는 일만 남는다. 나는 자신 있게 말한다.

"나처럼 안정적인 사람은 없을 겁니다. 나는 올라간 적이 없어서 땅을 파지 않는 한 더 내려갈 곳이 없어요."

힘을 얻으려면 밑으로 내려가라. 종신보험의 판매 가치는 위에 있는 것이 아니라 바닥에 있다. 그래서 더욱 매력적이다.

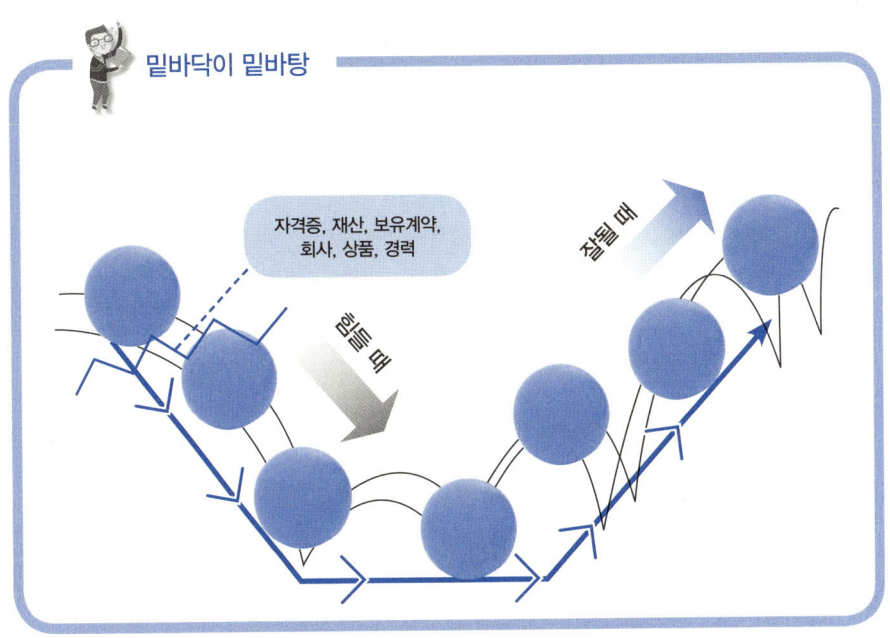

# 5. 취미에 정년은 없다

● 즐기는 사람은 못 당한다

열심히 하는 사람은 즐기는 사람을 당할 수 없다. 즐기는 사람은 미친 사람을 이길 수 없다. 나는 보험세일즈에 미쳐서 즐겁게 일한다. 그래서 짧은 시간에 많은 성과를 낼 수 있었고, 시간적·경제적으로 여유를 즐길 수 있다. 그렇게 만든 여유로 내가 하고 싶은 여러 가지 일을 한다. 주변 사람들은 나에게 어떻게 일하면 그렇게 여러 가지 일을 하면서 세일즈 성과를 낼 수 있느냐고 묻는다. 그러나 나는 여러 가지를 한 번에 하는 것이 아니다. 한 번에 한 가지씩 여러 번 한다.

나는 어떻게 하면 일하는 시간을 줄일까 고민한다. 시간이 부족하면 더 간절하게 더 열정적으로 고객을 대한다. 올해 초에는 열심히 일하고 남은 시간을 활용하여 남극에 다녀왔다. 한국에 돌아와서 보니 평소 가고 싶었던 연수에 당첨되어 있었다. 그런데 안타깝게도 일주일 뒤였다. 남극도 좋고 연수도 좋지만 세일즈를 너무 오래 비워둘 수는 없었다.

연수를 포기할까 고민하다가 남은 일주일 동안 미친 듯이 일을 했더니 평상시의 몇 배나 되는 성과를 낼 수 있었다. 나는 홀가분한 기분으로 연수에 가서 이런 경험을 발표했다.

"제게 시간이 많았다면 결코 그런 성과를 낼 수 없었을 겁니다. 시간이 절대적으로 부족했기에 폭발적인 열정으로 불가능할 것 같은 계약을 성사시켰습니다."

시간이 많으면 의욕이 떨어지고 하는 것은 없는데 바쁘다. 취미생활도 못 하고 늘 방전상태로 살아가야 한다. 바쁜 사람이 취미생활도 잘 한다. 고객들은 힘 빠진 세일즈맨에게 자신의 인생을 맡기려 하지 않는다. 일을 즐겨라. 그래야 취미도 즐길 수 있다.

나는 종신보험을 팔 때가 가장 즐겁다. 사람들을 만나서 이야기를 나누는 것도 좋은데, 더 나아가 고객의 어려운 문제까지 해결해준다는 사실에 보람을 느낀다. 즐겁지 않은 일을 어떻게 오랜 기간 똑같이 할 수 있겠는가?

"저는 당신이 돌볼 수 없는 것에 관심이 있습니다. 제가 지금 판매하는 종신보험은 당신이 돌볼 수 없는 상황에서 힘을 발휘합니다. 그때는 제가 당신과 당신의 가족들을 돌볼 것입니다. 그렇기 때문에 고객님께서는 저에게 잘하셔야 됩니다. 제가 오래 일할 수 있도록 주변에 소개도 많이 해주세요."

누구도 죽음을 피할 수 없다. 누구나 가족을 사랑한다. 그래서 생명보험은 사라질 수가 없다. 죽음을 직시했을 때 비로소 생명의 가치를 알게 된다. 그래서 나는 사망과 관련된 종신보험을 즐기는 마음으로 판매한다.

● **취미처럼 일하라**

나와 마라톤을 같이 하는 형님이 있는데 나이가 환갑이 넘었다. 그 형님은 항상 마라톤을 직업이라고 말한다.

"자식들이 마라톤을 그만두라고 하면 '나는 직업이 두 개다. 하나는 건축이고 다른 하나는 마라톤이다. 직업인데 힘들다고, 하기 싫다고 어떻게 그만두냐?' 그러면 자식들이 아무 말 안 해."

그러면서 농담을 덧붙인다.

"조폭들과는 싸우면 안 돼. 절대로 이길 수가 없어"

"왜요?"

"그 사람들은 싸우는 것이 직업이잖아."

그 후로 나도 취미로 달리는 마라톤을 또 하나의 직업으로 생각하기로 했다. 직업이라고 생각하니까 아무리 힘들어도 포기하지 않고 완주할 수 있다.

일은 취미처럼, 취미는 일처럼 해야 한다. 취미생활의 정년을 묻는 사람은 없다. 일을 오래 하고 싶으면 일을 취미로 만들면 된다. 취미생활을 하다가 지치는 사람은 없다. 취미생활 자체가 삶에 활력을 가져다준다.

효율성을 따지는 세일즈맨들은 고객을 도시에서 모으려고 한다. 시골이나 섬은 멀고 귀찮다고 외면한다. 하지만 나는 여행을 좋아해서 일부러 변두리 외진 곳에 고객을 확보하러 간다. 여행을 하면서 겸사겸사 고객도 만나러 간다. 나는 가끔 취미활동으로 국궁 활터를 찾는다. 전국에 300곳이 넘는 활터를 찾아다니며 여행도 하고 활도 쏘고 고객도 만난다. 일과 취미가 하나이니 일이 재미있을 수밖에 없다.

지금은 내 삶에서 세일즈가 1순위이지만 10년 후에는 취미로 밀려나게 될 것이다. 그렇게 되면 은퇴를 고민할 이유가 없다. 욕심을 버리고 그저 취미 중 하나로 생각하고 꾸준히 하면 된다. 그때까지 할 일이 참 많다. 마음껏 전국을 떠돌며 활도 쏘고 봉사 활동도 하면서, 틈나는 대로 책을 써서 전국의 학교와 도서관에서 강의를 하고, 세계의 여러 곳을 여행하며 에너지를 충전시킬 생각이다. 그러는 틈틈이 보험세일즈를 하는 롱런 시스템을 만들 것이다.

세일즈를 취미처럼 오래 하고 싶다면 종신보험 세일즈를 하라! 안 죽는 사람은 없으니까 누구나 고객이 될 수 있다. 한 번 만난 고객을 취미 삼아 두 번, 세 번 만나다 보면 내 편이 되는 것은 시간문제다. 더구나 종신보험은 자녀들과 연관되어 있어서 고객이 다음 세대로 자연스럽게 이어진다. 지금은 1주일에 3건씩 계약을 하지만, 시간이 흘러서 고객들이 나이가 들면 1주일에 3건씩 사망보험금을 지급할 것이다. 가장을 잃고 어려움에 처한 고객을 위해 봉사하는 마음을 가지면 일을 취미로 즐길 수 있다.

### ● 은퇴란 없다

나에게 은퇴란 없다. 최소 90세까지는 보험세일즈를 할 계획이다. 나는 사망보장을 매년 늘려왔다. 반면 연금 준비는 기본적인 수준에 머물러 있다. 그동안 연금에 투자할 금액을 나 자신에게 투자했다. 그 자금으로 하고 싶은 공부를 하거나 가고 싶은 곳에 여행을 다녀왔다. 연금이 넉넉하면 나태해져서 90세까지 일하는 데 방해가 된다.

만약 내가 갑자기 사망하면 사망보험금이 가족을 보호해 줄 것이다. 그렇지 않으면 90세까지 일을 할 생각이니까 연금을 따로 준비할 필요가 없다. 종신보험 세일즈가 곧 내 연금이다. 본인의 의사와 상관없이 은퇴를 해야 하거나 사망보험금이 충분치 않은 사람들은 노후준비를 연금으로 해야 한다. 남편의 사망보험금은 곧 배우자의 노후자금이다. 나는 아내의 노후자금을 내 사망보험금으로 준비해 놓았다. 그리고 살아있는 한 일을 하겠다고 하니까 아내가 불안해하지 않는다.

나는 앞으로도 납입여력이 된다면 사망보장 수준을 계속 늘려갈 생각이다. 사망보장이 커지면 커질수록 가족들을 위한 안전장치가 튼튼해지고 나의 가치도 인정받는다.

"저는 지금 95세지만 정신이 또렷합니다. 앞으로 10년, 20년을 더 살지 모릅니다. 이제 저는 하고 싶었던 어학 공부를 시작하려 합니다. 그 이유는 단 한 가지, 10년 후 맞이하게 될 105번째 생일날, 95세 때 왜 아무것도 시작하지 않았는지 후회하지 않기 위해서입니다."

호서대학교 설립자 강석규 박사의 이야기다. 강석규 박사는 이 글을 쓴 후에도 왕성한 활동을 하다가 103세에 사망했다.

내가 90세까지 세일즈를 하겠다고 외쳐봐야 아무 소용이 없다. 90세까지 일 할 수밖에 없는 시스템을 만들어야 한다. 그것은 일을 취미로 만드는 것이다. 취미는 90세까지 할 수 있지만, 일은 90세까지 할 수 없다.

나는 롱런 시스템을 구축하기 위한 3가지 기준을 실행하고 있다. 첫 번째는 첫번째는 건강을 유지하는 것이다. 그래서 나는 에스컬레이터나, 엘리베이터를 이용하는 대신 걸어 다닌다. 두 번째는 고객의 평균연령을 낮추는 것이다. 매년 기존 고객들의 연령이 올라가기 때문에 젊은 고객을 확보하기 위해 노력한다. 이를 위해 청소년과 관련된 책을 쓰고, 강의를 하면서 젊은이들과 소통한다. 마지막으로는 일을 취미로 만드는 것이다.

 **일이 취미라면 정년은 없다**

여행하고

도전하고

세일즈하고

책쓰고

강의하고

받은 만큼 나누고

 90세까지 취미처럼 일하기

## 6. 1%의 고통이 99%의 즐거움을 만든다

● 가장 힘든 길이 가장 쉬운 길이다

성공과 실패는 출발점에서 정해진다. 처음에 쉬운 길을 선택한 사람은 앞으로 무수히 많은 사람들과 경쟁해야 한다. 쉬울 거라 생각하고 선택한 길이라서 조금만 힘들면 포기한다. 반면 처음부터 힘든 길을 선택한 사람은 경쟁자가 별로 없다. 힘들어도 이미 예상하고 각오했던 선택인지라 충분히 극복하면서 이겨낸다.

나는 지금까지 인생의 갈림길에서 되도록 힘든 길을 선택했다. 사하라 사막마라톤을 할 때도 쉬운 평지 길과 힘든 언덕길이 있었다. 언덕길은 오르기가 매우 힘들지만, 정상에 오르면 앞이 잘 내려다보여서 앞으로 어떻게 가야 할지 계획을 세울 수 있다. 반면 평지로 간 사람들은 한 치 앞도 볼 수 없어서 길을 헤매다가 결국 레이스를 포기한다.

세일즈를 할 때 전화하는 것을 두려워하는 세일즈맨들이 많다. 이때는 만사를 제쳐두고 전화부터 해야 한다. 세일즈에서 성공하는 사람들은 하기 싫은 일을 찾아가며 하는 사람들이다. 힘든 일을 미뤄두면 항상 머리 한쪽이 무겁다. 마지막에 허겁지겁 마무리할 때까지 다른 일에도 집중하지 못한다. 하기 싫은 일을 먼저 하면 고객에게 특별한 인상을 심어준다. 나는 안정적인 은행을 뛰쳐나와 세일즈 중에서도 힘들다는 보험세일즈, 보험세일즈 중에서도 힘들다는 종신보험을 선택했다. 죽음과 관련된 종신보험에 호감을 갖는 고객은 별로 없다. 그래서 다른 세일즈맨들은 종신보험 판매를 기피한다. 하지만 나는 남들이 하기 싫어하는 일을 하고 있어서 경쟁상대가 없다. 경쟁자는 오직 나 자신뿐이다.

고통의 총량은 일정하다. 처음에 쉬운 것을 선택하면 나중에 힘들어진다. 반대로 처음부터 힘든 것을 선택하면 남은 인생이 행복하다. 나는 가장 고통스럽다는 사하라 마라톤을 가장 먼저 뛰었기 때문에 더 이상 인생에서 건너지 못할 사막이 없다. 가장 하기 싫은 일을 아침 일찍 끝마치면 남은 하루가 편안하다. 마찬가지로 인생에서 가장 두렵고 걱정되는 문제의 해결책을 미리 준비한다면 남은 인생이 행복하다. 종신보험 세일즈맨은 고객들의 가장 힘들고 어려운 문제를 가장 먼저 해결해 주는 사람들이다.

다음은 동료가 경험했던 실제 사례이다. 한 고객이 물었다.

고객: 40세 때 이혼 소송으로 딸까지 빼앗기고, 지금은 식당에서 설거지 일을 합니다. 한 달에 90만 원 정도 버는 나 같은 사람도 보험이 필요할까요?

세일즈맨: 그래도 한 달에 10만 원 정도는 딸을 위해 쓸 수 있으시죠?

고객: 꼭 필요하다면 해야죠.

세일즈맨: 그러면 10년 후 1천만 원을 만들어서 딸에게 주는 것을 목표로 시작하면 어떨까요? 사랑하는 딸을 10년 동안 한 번도 잊지 않겠다는 마음을 담아서 말입니다.

10년 안에 고객님이 사망을 하신다면 1천만 원은 딸에게 전달됩니다. 일을 하시 못할 정도의 장해상태가 되면 납입면제가 되고 저희 회사에서 보험료를 대신 납입해 줍니다.

몇 달 후 그 고객으로부터 전화가 왔다.

고객: 너무 감사하고 행복해요. 아무 꿈도 희망도 없었는데, 매달 10만 원을 딸을 위해 쓴다고 생각하니까 일하는 것이 힘들지 않아요. 맛있는 것이라도 대접하고 싶으니까 놀러오세요.

보험에 부정적인 생각을 가진 고객도 진정한 보험의 가치를 알면 오히려 열성 고객이 된다. 자신의 관점에서는 종신보험의 가치를 느끼지 못할 수 있지만, 가족의 관점에서 생각하면 매우 가치가 있다. 그래서 가장 힘들면서도 가장 쉬운 세일즈가 종신보험 세일즈이다.

### ● 1%의 가능성에 도전하라

성공확률이 높은 것은 성공해도 큰 의미가 없다. 성공해서 가치를 인정받으려면 성공 가능성이 낮은 일을 해야 한다. 에디슨은 수많은 실패 속에서 전구를 발명했고, 베이브루스는 수많은 헛스윙 끝에 홈런타자가 되었다. 평범한 사람은 대부분 실패를 견디지 못하고 중도에 포기한다. 하지만 처음부터 실패에 도전한다는 생각으로 시작하면 실패를 해도 당연하다고 생각하고, 성공하면 자신감을 갖게 된다. 스타강사 김미경은 이렇게 말한다.

"실패는 없다. 성공과 오차만 있을 뿐이다. 성공에서 20% 부족한 실패들을 실패창고에 많이 쌓아두어라. 언젠가 20%가 채워지면 성공하게 된다."

흔히 사람들은 롤모델이 겪은 실패에는 관심이 없고 성공담에만 관심을 보인다. 그래서 롤모델을 흉내 낸다고 해도 성공하지 못한다. 실패가 가르쳐준 깨달음이 없기 때문이다.

다이슨은 5216번 실패하고 5217번째 성공해서 다이슨 진공청소기를 만들었다. 그에 비하면 우리가 하는 일은 100번을 도전해서 한 번만 성공해도 된다. 불가능할 것 같은 1%의 가능성에 도전해야 원하는 것을 100% 얻을 수 있다. 실패에 도전하는 일이니 계속 실패해도 즐겁고, 가끔 성공하면 감동을 받는다. 다만 넘어질 때마다 무언가 하나씩 주워서 일어날 수 있어야 한다. 알리바바의 마윈 회장은 회의에서 90%가 찬성하는 제안은 쓰레기통에 버린다고 한다. 많은 사람들이 관심을 갖고 시도하는 것에는 이미 기회가 없다. 진정한 기회는 남들이 싫어하고 반대하는 곳에 있다.

종신보험 세일즈는 초기에는 성공확률이 낮다. 100건을 시도하여 1건을 성공했을 때, 실패한 99건에 집중하면 오래 하지 못한다. 경력이 짧은 나를 믿고 1건이라도 맡겨준 고객에게 감사하면 오래 일할 수 있다. 1건을 계약해준 고객에게 고마운 마음으로 정성을 다해 서비스하면 증액이 되거나 소개가 늘어난다. 그러다 보면 성공확률은 점점 높아지고 선순환 궤도에 올라 미래가 희망적으로 바뀐다.

● 10배의 성공법칙

나는 젊은 시절에 10가지 일을 하면 9가지는 실패했다. 그래서 일하는 양을 10배로 늘렸다. - 영국의 극작가, 조지 버나드 쇼

새가 날아오르려면 걸을 때보다 10배 이상의 에너지가 필요하다. 비행기도 이륙할 때 가장 많은 연료를 소모한다. 성공한 선배 세일즈맨을

보고 그 수준으로 노력하면 절대로 따라잡을 수 없다. 비행기로 치면 성공한 세일즈맨은 이미 안정궤도에 올라 순항을 하고 있는 상태다. 이제 막 시작하여 활주로에서 날아오르려는 세일즈맨이라면 그 10배 이상의 노력을 해야 같은 수준까지 올라간다. 비정상적인 상황에서 벗어나려면 비정상적인 노력을 해야 한다. 주위에서 미쳤다는 소리를 들어야 성공한다. 내가 종신보험 세일즈를 시작했을 때 아내는

"당신 머리 속을 열어 볼 수 있다면 아마도 종신보험으로 100% 꽉 차있을 거예요."

라고 말했다. 이렇게 노력해서 일단 한번 성공하면 다음에 어려운 상황이 닥친다 해도 똑같은 노력으로 그 상황에서 벗어날 수 있다.

사람은 파도와 싸워서 이길 수 없다. 미친 듯이 달려들어 파도 위에 한 번 올라 타봐야 한다. 그때서야 비로소 안 보이던 것들이 보인다. 또 다른 파도가 밀려온다고 해도 한번 파도에 올라탔던 경험으로 그 파도를 타고 즐길 수 있다. 세일즈에서도 파도타기와 똑같은 상황이 반복된다. 파도와 싸우지 않고 낮은 파도만 찾아다니는 세일즈맨은 오래 견디지 못한다. 설사 그런 파도에 올라타더라도 볼 수 있는 시야에 한계가 있다. 파도가 가장 높은 곳에서 10배의 노력으로 파도에 올라타야 비로소 새로운 세계가 보인다.

내가 1천 건의 계약을 보유하고 있다면 한 고객의 보장은 나에게 1천 분의 1일에 불과하다. 그러나 비록 나에겐 단 1건의 종신보험이지

만, 고객에게는 인생 전부이다. 아니, 1명의 인생이 아니라 한 가족의 미래가 걸려 있다. 100건을 시도하여 1건만 성공해도 한 가족의 미래를 전부 책임지는 것이다. 그렇게 생각하면 1%의 성공이라도 결코 낮은 성공률이라고 말할 수 없다.

게임 중 'failed' 나 '실패'라는 단어를 보면 어떻게 할까? 어른들은 좌절하지만, 어린 아이는 아무렇지도 않게 '다시 하라는 거야!'라고 말한다. 그래서 어린 아이는 넘어지면서 일어서는 것을 배운다.

**실패에 도전하라**

99번의 실패, 1번의 성공!
99번의 실패보다 1번의 성공에 감격해라!!

## 7. 은퇴를 허락받지 못하는 사람들

● 꿈을 크게 가지고 멀리 보아라

10km를 뛸 때는 5km부터 힘들지만, 100km를 목표로 뛸 때는 50km는 돼야 힘들어진다. 현실을 바꾸기 힘들다면 미래의 꿈을 크게 꾸어라. 상대적으로 현실의 고통이 작아지면서 한결 견디기 쉬워진다. 예전에 세일즈를 함께했던 동료가 다른 일을 하다가 어느 날 나를 찾아와서 진로에 대한 조언을 구했다. 나는 앞으로 5년 이내는 생각하지도 말고, 최소 10년이나 20년 후 자신의 모습을 그려보라고 조언을 했다. 그 동료는 현재 인생의 큰 그림을 그리며 잘살고 있다.

꿈은 크게 가질수록 좋다. 그래야 그 꿈이 깨져도 조각이 크다. 큰 꿈을 갖는 가장 좋은 방법은 멀리 보는 것이다. 멀리 보면 어떤 꿈을 꿔도 충분히 준비할 수 있어서 불가능하다고 생각하지 않는다. 오래전 미국에서 90세까지 생명보험 세일즈를 했던 부르노 핀코스를 알게 된 후 나도 90세까지 일하겠다고 결심했다. 누군가 할 수 있다면 나도 할 수 있다. 그 후로는 해외 행사에 가면 나도 모르게 90세가 넘은 세일즈맨들에게 관심이 간다. 일을 오래 한 세일즈맨들은 자기 일을 자녀들이 물려받았으면 좋겠다고 흔히 말한다. 실제로 자녀들과 함께 일하는 경우도 많다. 지금 내가 하는 일이 다음 대까지 이어진다고 생각하면 계약을 한 건 하더라도 멀리 보게 된다.

인생을 멀리 보면 은퇴라는 것이 무의미해진다. 누구나 가치가 소멸되면 자신의 의지와 상관없이 사회의 중심에서 밀려날 수밖에 없다. 사람이 죽는 순간은 땅에 묻히는 순간이 아니라 꿈을 잃는 순간이다. 나는 종신보험 세일즈를 시작할 때 죽을 때까지 종신서비스를 하겠다고 생각했다. 그때 생각났던 말이 '요람에서 무덤까지'였다. 그래서 고객의 묏자리를 잡아주려고 풍수지리를 6년간 공부했다. 아직 정식으로 묏자리를 잡아주는 서비스까지 해보진 않았지만 장기적인 꿈을 그리는 데 큰 도움이 되었다.

샐러리맨은 사장이, 운동선수는 관중이, 의사는 환자가 은퇴시기를 결정한다. 그러나 세일즈맨의 은퇴시기는 본인이 결정한다. 그래서 나는 내 은퇴시점을 90세로 정했다. 종신보험에 가입하는 목적은 보험금을 지급받기 위해서다. 그런데 보험금이 지급되어 목적이 달성되었다고 해서 모든 것이 끝나는 것이 아니다. 새로운 관계가 시작된다. 아빠가 사망하여 가장 역할을 하지 못할 때 배우자 또는 자녀가 그 역할을 대신해야 한다. 그렇게 되면 배우자나 자녀도 안전장치가 필요하다.

고객과 신뢰만 형성된다면 종신보험은 다음 대까지 계속 이어진다. 여러 상품을 서비스할 필요도 없다. 가장 핵심적이고 가치가 변하지 않는 한 가지 상품으로도 롱런할 수 있다. 이것이 내가 90세까지 세일즈를 할 수 있다고 믿는 이유이다.

● **종신보험 세일즈의 전망**

종신보험은 유행을 타지 않는다. 앞으로 저축성상품은 점점 팔기가 힘들어진다. 요즘은 온라인에서 여러 보험 상품이 판매되고 있어서 고객들은 세일즈맨에게 높은 수당을 지급하는 것에 대해 쉽게 받아들이지 못한다. 차라리 본인이 직접 관리하더라도 환급금을 더 받기를 원한다. 그런데 종신보험은 그렇게 이야기할 수 없다.

"고객님이 내년 말까지 살아있으리라고 확신할 수 있나요?"

"5년 후에 고객님이 살아있을 확률은 얼마인가요?"

이 질문에는 아무리 똑똑한 사람이라도 답하지 못한다. 종신보험은 고객이 스스로 관리할 수 없기 때문에 반드시 믿을 만한 세일즈맨이 필요하다.

세일즈맨의 모든 스케줄은 본인이 관리한다. 누구를 만날지, 무엇을 할지도 본인이 직접 결정한다. 그래서 시간적으로 자유롭다. 갑자기 남극에 가고 싶다면 바로 예약하고 떠나면 된다. 내가 노력한 만큼 보상받는 시스템이기 때문에 경제적 자유는 본인 하기 나름이다. 남극에 가기 위해 돈이 필요하다면 일단 예약을 해놓고 그때까지 열심히 일하면 된다. 내가 부유해지고 싶다면 고객의 자산과 경제 여력을 키워주면 된다. 고객의 자산과 경제여력이 커지면 내가 할 일도 많아지면서 나도 부유해진다. 고객의 가정이 행복해야 나도 행복하다. 이것이 고객의 삶과 고객의 부를 공유하는 길이다.

내가 고객과 전문가를 연결시켜주는 메신저가 된다면, 고객은 나의 은퇴를 허락하지 않을 것이나. 해외 컨벤션에서 만난 노(老)세일즈맨들처럼 말이다. 그들의 고객은 이렇게 말한다고 한다.

"당신이 은퇴를 하면 나는 세무, 부동산, 주식과 관련된 사람을 다시 알아봐야 합니다. 그것은 너무 힘들고 피곤한 일입니다. 만약 당신이 힘들다면 당신이 사람을 구해서 쓰세요. 대신 당신에게 추가로 계약을 할게요. 나는 당신만 상대하고 싶어요. 당신은 아직 은퇴할 수 없습니다."

이 얼마나 행복한 고민인가? 나도 이들처럼 은퇴를 허락받지 못할 행복한 위치에 서고 싶다.

● **삶을 공유하라**

어느 영화감독에게 왜 영화를 만드느냐고 물었더니

"영화를 만들기 위해 사는 것이 아니라 삶을 보여주기 위해 영화를 만든다."

라고 대답했다. 나 역시 먹고살기 위해서 세일즈를 하는 것이 아니라 삶을 보여주기 위해 세일즈를 한다. 그러다 보니 고객에게 내 삶에 대하여 이야기를 많이 한다. 그러면 고객들도 나에게 자신들의 삶을 이야기해준다. 이렇게 서로의 삶이 공유되는 과정에 계약은 자연스럽게 이루어진다. 수입의 전부를 쓰지 않으면 저축, 투자, 보험 중에 어느 것이라도 한다. 요즘 보험 세일즈맨은 모든 것을 다 판매할 수 있다. 고객들은 기왕이면 삶을 공유할 수 있는 세일즈맨에게 자신의 돈을 맡기길 원한다.

성공한 세일즈맨들은 상품 이야기는 10%도 하지 않는다. 90% 이상은 삶을 이야기한다. 삶에 대한 공감 없이 상품을 판매하면 판매된 상품만 있을 뿐이다.

종신보험에는 가족사랑, 인간에 대한 배려, 삶과 죽음에 대한 생각, 본인과 가족의 꿈이 모두 녹아 들어있다. 그래서 종신보험은 다른 금융상품보다 경기에 민감하지 않다. 필요하다고 느끼면 아무리 어려워도 선택하고, 필요성을 느끼지 못하면 아무리 경제적 여유가 있더라도 선택하지 않는다. 보장의 가치가 제대로 전해졌다면 일시적인 어려움 때문에 보장을 포기하지는 않는다. 잘 사는 길은 잘 죽는 것이다. 결국 잘 죽는 것을 준비하는 것이 종신보험이다.

종신보험은 종신토록 서비스해야 한다. 종신 서비스를 위해서 풍수지리까지 공부했으니까 내가 은퇴 없이 고객과 끝까지 가는 것은 문제가 없다. 다만 나보다 오래 사는 고객에게는 방법이 없다. 차선책으로 외국의 경우처럼 내 자녀들이 대를 이어서 서비스해주길 바랄 뿐이다. 전 직장이었던 은행에서 함께 근무했던 동료들은 요즘 강제로 은퇴를 당해서 무엇을 할까 고민한다. 그러나 나는 은퇴가 허락되지 않은 행복한 고민에 빠져있다. 옛날에 일부러 위기를 만들었더니 그 위기가 곧 기회가 되었다.

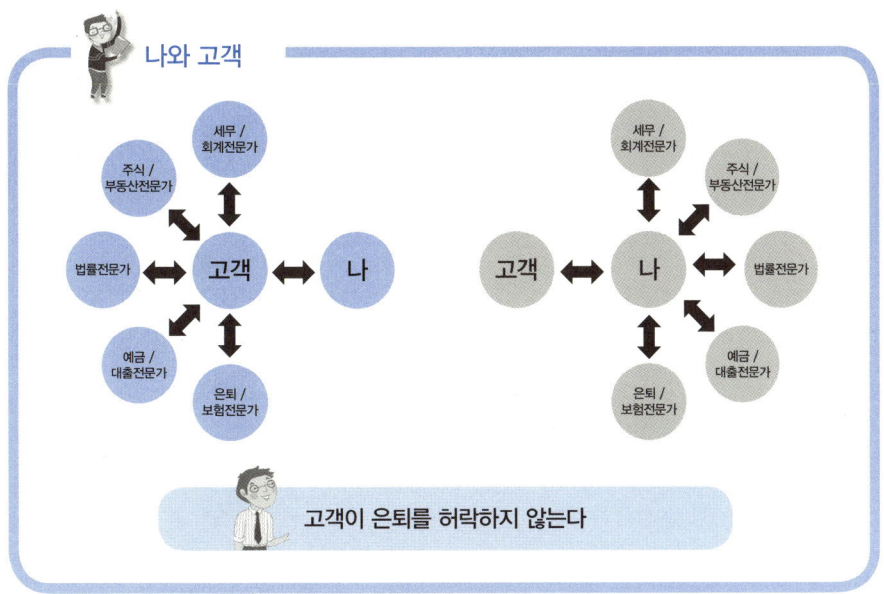

## 8. 재미있게 소통하는 오감화법

● 오감화법이란?

재미있는 이야기로 시작해라!

목사와 택시기사가 죽어서 하늘나라에 갔다. 평생 교회에서 목회활동을 한 목사는 지옥에 가고, 난폭운전을 일삼던 택시기사는 천국에 갔다. 목사는 억울해서 하나님에게 따졌다. 그러자 하나님이 대답하셨다. "너는 지루한 설교를 해서 나를 찾아온 신도들을 모두 잠재웠다. 그런데 택시기사는 운전만 하면 손님들이 살려달라고 나를 찾더구나."

아무리 좋은 말이라도 고객이 듣지 않으면 소용이 없다. 세일즈맨의 가장 큰 죄는 고객의 시간을 낭비하는 것이다. 오감화법을 구사하면 쉽고 재미있게 이야기를 전달할 수 있다. 오감화법이란 아래의 5가지 원리로 고객을 감동시키는 것이다. '5가지로 감동시키는 화법'을 줄여서 '오감화법'이라고 명명했다.

① 한 가지 주제를 가지고
② 이야기하듯이

③ 3분, 3가지 이내로

④ 사례와 비유를 들어서

⑤ 오마이갓! 유머와 반전을 끌어내라!!

그럼 오감화법을 실제로 적용해 보자.

① 한 가지 주제를 가지고

이야기의 주제는 단 하나여야 한다. 주제가 여럿이면 핵심을 파악하기 힘들다.

② 이야기하듯이

스토리텔링은 사람들이 가장 받아들이기 쉬운 방식이다. 고객의 머리 속에 영화를 상영하라.

③ 3분, 3가지 이내로

이야기는 3분 이내로 짧게, 3가지 이내로 간결하게 전달해야 한다. 프레젠테이션의 달인 스티브 잡스도 한 번에 딱 3가지만 전달했다.

④ 사례와 비유를 들어서

아무리 논리적인 설득도 실제 사례를 능가하지는 못한다. 예수님과 부처님도 어려운 내용은 사례를 들고 비유를 하며 쉽게 말씀하셨다.

⑤ 오마이갓! 유머와 반전을 끌어내라!!

사람들은 유머와 반전이 있을 때 'Oh, My God!'을 내뱉는다. 유머는 고객에게 친밀감과 여유를 주고 반전은 고객에게 강렬한 인상을 심어준다.

● 오감화법 사례

사례1 : 시간을 견뎌라

당신은 인삼농사를 짓고 싶은가? 산삼농사를 짓고 싶은가?

인삼농사는 3년을 투자해야 하고, 산삼농사는 최소 10년을 투자해야 한다. 10년 동안 피를 토하는 심정과 뼈를 깎는 아픔을 견디면 인삼농사 수익의 몇 배를 얻는다. (① -긴 시간을 견뎌야 한다는 한 가지 주제)

시간을 견뎌야 하는 것은 취업, 자녀교육, 저축 3가지 경우가 모두 같다. 3가지 모두 긴 시간을 투자해야 좋은 결과를 얻을 수 있다. 단기간 투자해서 좋은 직업을 선택하기란 힘들다. 자녀교육도 30년 정도는 투자해야 자녀가 사회에 나갔을 때 제대로 제 역할을 한다. 30년이 너무 길다고 15년 정도인 중학교 3학년 때 사회에 내보낸다면 제대로 된 대접을 받지 못할 것이다. 금융상품도 긴 시간을 견뎠을 때 가치를 발휘한다. 저금리, 저수익 상황에서는 더욱 더 그렇다. (③ -3가지 이내로)

### 사례2 : 지키는 것의 중요성

한 달 수입이 1,000만 원인 형과 300만 원인 동생이 있었다. 어머니의 요양원 비용 200만 원이 나오자 돈을 많이 버는 형이 150만 원을 내고, 적게 버는 동생이 50만 원을 내기로 했다. 그날 밤 형은 형수에게 욕을 얻어먹고, 다음날 결국은 반반씩 내기로 했다. 돈을 많이 벌면 여유가 있을 것 같지만 사실 돈은 버는 만큼 쓴다. (① -지킨다는 한 가지 주제)

세상에는 3가지 부자가 있다고 한다. 첫 번째는 재산을 물려받은 부자이고, 두 번째는 열심히 일하는 부자이고, 세 번째는 안 쓰는 부자이다. 그중에 최고의 부자는 안 쓰는 부자다. 많이 버는 부자는 안 쓰는 부자를 당할 수 없다. 당신은 세 가지 부자 중 몇 번째에 해당되는가? (③ -3가지 이내로)

### 사례3 : 친구와 종신보험

주변의 친한 친구 4명이 사망했다. 은행 동료였던 친구는 은행을 그만두고 사업을 하다가 스트레스로 사망했다. 중학교 친구는 공기업에 다니다가 구조조정으로 강제퇴직 당하고 이혼 후 요양원에서 사망했다. 그 친구에게는 아들과 딸이 있었다. 죽기 전에 얼굴 한 번 보는 것이 소원이라더니 그 소원은 장례식장에서 이루어졌다. 또 다른 중학교 동창은 심근경색으로 갑자기 사망했다. 사망하기 1주일 전 심장병으로 고생하고 있는 다른 친구에게 건강 조심하라고 충고까지 했다고 한다.

그러나 보험 상담을 진행하다 배우자의 반대로 고객이 되지 못했다. 학원을 운영했던 친구도 건강했는데 심장마비로 갑자기 사망했다. 그 친구는 종신보험에 가입했으나 중간에 해약했다. (④ -실제 사례)

### 사례 4 : 아빠보다 나은 아들

고등학생 아들이 보험에 가입할 수 있는 나이가 되었다. 아들에게 종신보험을 설명했다. 그러자 아들이 말했다.

"이렇게 좋은 것을 사람들이 잘 안 들어요? 아빠는 일주일에 몇 건을 계약하세요?"

"응! 가입을 잘 안 해. 아빠는 1주일에 평균 3건은 하지."

"일주일에 3건이면 나머지 시간은 뭘 하세요?"

"네가 아빠라면 몇 건을 할 수 있을 것 같은데?"

"저라면 하루에 3건은 할 수 있을 것 같아요."

"그래? 그럼 네가 아빠 일을 하고 아빠가 비서로 너를 도와주는 것이 낫겠구나." (⑤ 오마이 갓!-유머와 반전)

종신보험 설명을 위한 스크립트를 만들 때, 오감화법을 이용하면 파워풀하게 전달할 수 있다. 5가지 원리가 제대로 구현되는지 연습을 통해 반드시 점검해 봐야 한다. 아무리 오감만족 대박 음식점이라도 한 가지가 부족해 문을 닫게 될 수 있다.

고객이 두려워하면서 심각하게 생각하는 종신보험을 설명할 때는 재미있어서 웃게 하거나 감동을 느껴서 울게 해야 한다. 재미와 감동이 없으면 다시 설명할 기회도 없다.

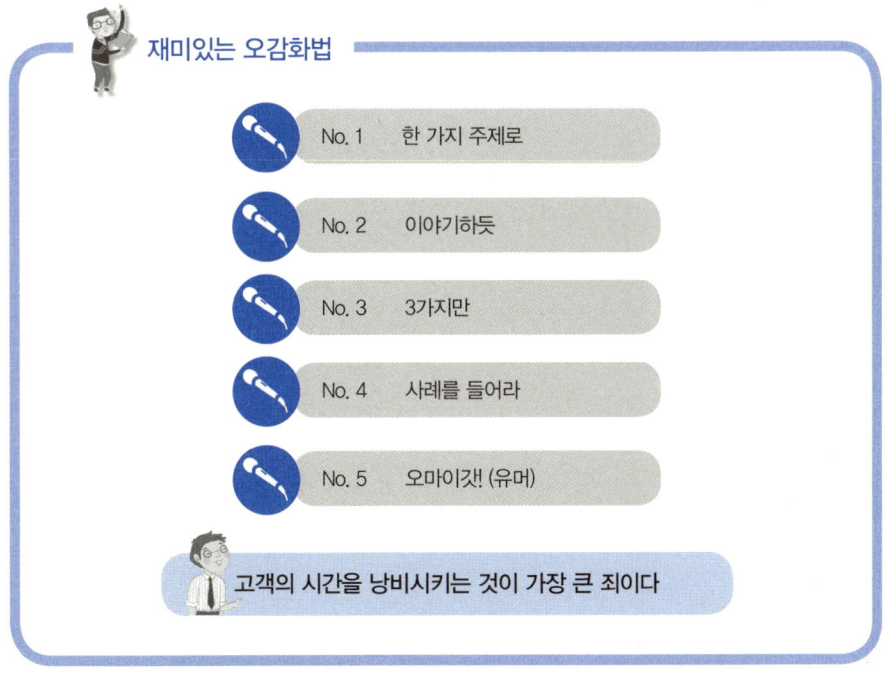

# PART 3

# C: 명확한 세일즈 콘셉트 (Clear)

# 1. 집을 그리듯이 / 집을 짓듯이

● 생각하는 대로 행동하라

신영복 교수는 감옥에서 목수를 만나 이야기를 하던 중 목수가 집을 그리는 것을 보고 충격을 받았다. 보통 사람들은 지붕부터 그리는데 그 목수는 바닥부터 그리고 기둥, 창문을 그리고 마지막으로 지붕을 그렸다. 평소 엄청난 양의 책을 읽었던 신 교수는 그때 머리로 사는 삶보다는 몸으로 사는 삶이 진짜일 수 있겠다는 생각을 했다고 한다.

내가 만나는 사람들에게 집을 그려보라고 하면 대부분 지붕부터 그린다. 신기하게도 말로는 밑에서부터 그려야 된다고 하면서 실제 그려보라고 하면 지붕부터 그린다. 생각한 대로 행동하지 않으니까 인생이 생각대로 될 리가 없다. 전원생활을 하고 있는 어떤 사람을 만나서 집을 그려보라고 했더니 둥근 원부터 그렸다. 신기해서 물어보니 맨 먼저 그린 둥근 원은 집을 지을 부지라고 했다. 맞는 말이다. 집을 지을 때는 땅부터 사고, 기초공사를 하고, 기둥을 세운 후 마지막에 지붕을 얹어야 한다. 나는 세일즈할 때 고객에게 자주 묻는다.

"집을 그리듯이 살고 싶으세요? 아니면 집을 짓듯이 살고 싶으세요?"

한 단어 차이지만 시간이 지난 후의 결과는 엄청나게 다르다. 집을 짓듯이 살면 시간이 흘러도 문제가 될 것이 없다. 그러나 급하게 집을 그리듯이 살면 나중에 허물고 처음부터 다시 지어야 한다.

인생도 집을 짓듯이 살아야 한다. 보험에 적용하자면 바닥은 종신보험, 기둥은 연금보험, 지붕은 주택자금이나 교육자금 등의 목적자금에 해당된다. 가족의 보장도 아빠, 엄마, 아이들 보장 순으로, 종신보험의 보장비중도 사망보장, 암이나 CI보장, 수술이나 입원보장 순으로 해야 한다. 반면 집을 그리는 순서대로 인생을 살게 되면 우선순위가 완전히 뒤바뀐다. 인생을 집을 그리듯이 살 것인가? 아니면 집을 짓듯이 살 것인가? 선택은 당신의 몫이다.

● 왜? 어떻게? 무엇을?

보험세일즈에서 '왜'는 주춧돌에 해당하고 '어떻게'는 기둥에, '무엇을'은 지붕에 해당한다. 이 중에서 가장 중요한 것은 '왜'이다. 어떤 일을 할 때는 '왜'를 최소한 3번은 생각해야 한다. 세일즈를 할 때도 스스로에게 "나는 지금 왜 이 일을 하고 있는가? 나는 왜 고객에게 종신보험을 권하는가? 내가 고객이라면 왜 종신보험에 가입할까?"

라고 물어봐야 고객에게 제대로 종신보험을 팔 수 있다. 물론 고객에게도 다음과 같이 물어봐야 한다.

"다른 사람들은 왜 종신보험을 선택했을까요? 고객님께서는 왜 종신보험이 필요하다고 생각하세요? 왜 종신보험이어야만 할까요?"

'왜'의 문제가 해결된 다음에는 고객과 대화하면서 '어떻게' 고객의 문제를 해결해줄 것인가를 고민해야 한다. 종신보험에 왜 가입하는지, 어떻게 준비해야 하는지가 정확히 파악되면 적정 플랜인 'What'은 그냥 올려놓기만 하면 된다.

세일즈를 할 때 이 일을 왜 하는지 모르면 자꾸 뒤를 돌아보게 된다. 그러다 보면 금방 에너지가 소진되어 목적지에 도달할 수가 없다. '이 일이 다른 사람들에게 도움을 주고, 나를 성장시키고, 내 삶에 의미가 있다.'는 이유가 분명하면 열정이 생기고 그 열정이 나를 충전시킨다. 충전된 에너지는 어떤 형태로든 분출되고 좋은 결과를 낳게 된다. 그러나 결과에만 집중하면 에너지가 고갈된 차를 계속 운전하는 것이다.

종신보험은 사망보장의 가치를 고객에게 전달해야 한다.

"나는 건강해서 갑자기 죽을 일이 없다. 아파서 병원에 가도 왜 보장되는 내용이 없느냐? 내가 죽은 다음에 나오는 것이 무슨 소용이냐?"라는 고객의 의문에 흔들리지 않는 답을 주어야 고객도 보장을 유지하고 세일즈맨도 살아남는다. '왜'가 해결되지 않은 상태에서는 아무리 좋은 계약을 하고 많은 고객을 확보해도 보험금이 지급될 때까지 유지되기 힘들다. 계약을 하고도 고객은 유지하는 것이 맞는지를 끊임없이 확인받고 싶어 한다. 종신보험은 가입보다 유지가 더 중요하다.

● **중요한 순서와 급한 순서**

"큰 돌, 자갈, 모래를 모두 한 항아리에 담을 때 어떤 것을 먼저 넣을까요?"

라고 물어보면 대부분은

"큰 돌부터 넣어요."

라고 대답한다. 그러나 실제로는 손에 잡히는 대로 넣는 경우가 대부분이다. 그러면 나는 이렇게 물어본다.

"왜 손에 잡히는 대로 넣으세요?"

"바빠서 이것저것 생각할 겨를이 어디 있어요?"

잡히는 대로 넣다 보니 시간이 지난 후 그것 때문에 더 바빠진다. 보험에도 우선순위가 필요하다. 그래서 보험의 의미를 제대로 아는 사람들은 사망보장 위주로 선택하고 암이나 CI진단보장 그리고 수술이나 입원특약 순으로 준비한다.

한 가정의 보험을 분석해 보면 아이들의 보험료가 부모의 보험료보다 큰 경우를 흔히 본다. 아이들 보험에 많이 가입하는 것이 아이들을 위한 것으로 착각하기 때문이다. 하지만 부모에게 문제가 생기면 아이들을 보살필 수 없다. 아이들의 보험은 부모이다. 아이들에게 가장 값진 선물은 '어떤 상황에서도 아이들의 꿈이 이루어지도록 지켜주는 것'이다. 그 가장 확실한 안전장치가 부모의 종신보험이다.

보험에서 가장 중요하고 기본적인 두 가지는 국민건강보험과 일반사망보장이다. 국민건강보험은 실제 부담하게 될 병원비를 국가에서 지원하고 강제하는 보험이다. 일반사망보장은 일을 못 하면서 치료를 해야 하거나 사망으로 소득이 끊긴 경우 소득을 보전해주는 필수적인 보장이다. 국민건강보험은 최대, 최고의 실손보험 기능을 한다. 보험료는 인상되지만 보장내용도 좋아진다. 그래도 좀 부족하다고 생각이 들기 때문에 건강특약이나 보험사의 실손보험에 가입하여 보완한다. 자기의 의지와 저축으로 어느 정도 보험을 해결하겠다고 생각하면 국민건강보험과 일반사망보험만으로도 가능하다.

모든 것을 보험으로 해결하려고 하면 안 된다. 욕심 없는 사람이 사기를 당하는 경우는 없다. 보험도 기대를 낮추면 가장 효율적인 보장을 선택할 수 있다. 저렴한 보험료로 모든 것을 보장받겠다고 욕심을 부리기 때문에 불만이 생긴다. 보험을 비롯한 세상의 모든 것에는 빛과 그림자가 있다. 화려한 보장 뒤에는 문제점들이 숨어있다. 하나를 얻으려면 덜 중요한 다른 하나를 버려야 한다. 그래서 무엇이 더 중요하고 덜 중요한지 기준을 세워야 한다. 내가 감당할 수 없는 위험에는 대비를 하고 내가 감당할 수 있는 것은 어느 정도 스스로 감수해야 한다. 그러면 보험도 제 기능을 하고 다른 목적의 연금이나 저축도 할 수 있다.

종신보험은 필수라고 생각해야 팔 수 있다. 선택이라고 생각하는 순간 다른 것에 밀릴 수밖에 없다.

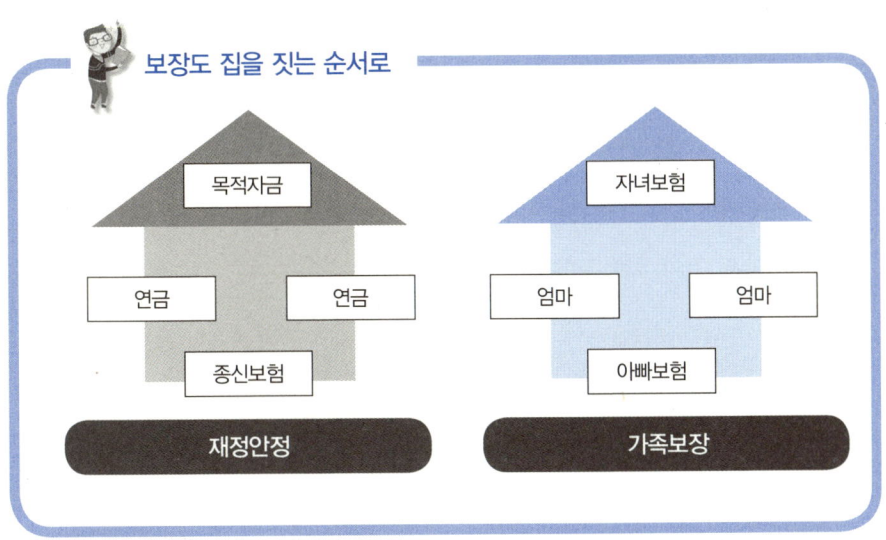

## 2. Top Down / Bottom Up

● 위? 아래!

경기에 따라 세일즈 방법도 달라져야 한다. 호황기에는 Top Down 방식으로 한다. 위에서부터 아래로 전체 보장을 제안하여 납입여력에 맞춰 보장금액을 조정하는 방식이다. 그러나 불황기에는 Bottom Up 방식으로 해야 한다. 즉 3억 원의 보장이 필요하더라도 1천만 원을 기본단위로 설정하고, 1천만 원의 가치를 제대로 전달하면 고객이 스스로 자신의 재정상태에 따라 가입금액을 선택한다.

위기일수록 보험료보다 보장금액에 집중해야 한다. 상황이 어려워지면 리스크에 대한 두려움은 커지고 여유는 없어진다. 동일한 조건의 보장도 납입기간을 최대로 늘린다. 납입금액의 부담은 낮춰주고 납입기간의 부담은 자녀들에게 해결시킬 수도 있다.

"보험료는 납입할 수 있을 때까지만 납입하세요. 종신보험은 자녀들이 이어받아서 납입하기도 합니다. 치료비로 쓰고 남는 보장금액은 남겨주는 자산이 되기 때문이죠. 납입면제 혜택을 볼 수도 있고요. 무엇보다 보험료 대비 큰 보장금액을 확보하는 것이 중요합니다."

효심이 있는 자녀라면 부모에게 닥치는 리스크를 모른 척 할 수 없다. 사망보험금의 수익자이기 때문에 손해 볼 일은 거의 없다. 부모들도 본인들이 일정 기간 납입 후에 넘겨주기 때문에 부담보다는 혜택을 넘겨준다는 생각 때문에 좋아한다.

위기에서 기회를 잡으려면 밑으로 내려와야 한다. 그러면 고객과 함께 Win-Win하면서 위로 올라갈 수 있다. Top Down만이 답이 아니다. 때로는 Bottom Up을 해야 고객의 공감을 얻는다.

● **기본단위로 가치를 공감시켜라**

**고객**: 나이가 든 후의 종신보험 1천만 원 보장은 젊을 때의 집 한 채와 비슷하게 든든해요.

**세일즈맨**: 왜 그렇게 생각하세요?

**고객**: 1천만 원 한도 내에서 병원비, 장례비의 부담이 자녀들에게 넘어가는 것을 막을 수 있고 손자·손녀를 수익자로 하면 한 학기 등록금을 내줄 수 있잖아요.

70세의 어느 고객과 나눈 대화이다. 1천만 원은 가장이 없는 주부가 10년을 모아야 되는 적지 않은 금액이다. 우선 1천만 원의 가치를 알아야 그 이상의 가치에도 공감할 수 있다. 10대, 20대에서 생각하는 사망보장 1천만 원의 가치와 70대, 80대에서 느끼는 사망보장 1천만 원의 가치는 전혀 다르다. 세일즈맨들은 10대에서 90대까지 다양하게 만날 수 있다. 사망보장의 가치가 어떻게 변하는지 알 수 있다. 종신보험의 사망보장의 가치는 가격상승을 보장받은 주식과 같다. 시간이 지나면서 사망보장의 가치가 줄어든 경우는 없었다. 예를 들어 자녀 둘의 교육자금 2억 원, 생활비 3억 원, 주택대출 2억 원, 노후자금 3억 원으로 총 필요자금이 10억 원이라고 가정하자. 준비된 자금이 6억 원인 경우 4억 원을 보장으로 준비하라고 제시하는 것이 Top Down방식이다. 그리고 1천만 원의 가치를 설명한 후 보장수준을 고객이 스스로 결정하게 하는 것이 Bottom Up 방식이다.

**세일즈맨:** 고객님은 5년 전에 1억 원 보장을 가지고 계셨습니다. 1천만 원의 가치를 공감하셨는데 그런 1천만 원의 10배 보장을 가지고 계신 겁니다. 살고 있는 집을 기준으로 5년 전과 지금을 비교해 보면 어떻게 변하였나요?

**고객:** 그때는 1억 원 전셋집이었는데 지금은 3억 원 우리 집에서 살고 있죠.

**세일즈맨:** 1억 원 보장이면 충분하다고 생각되시나요?

**고객:** 그때는 크다고 느꼈는데 지금 기준으로는 적은 금액이죠. 의료비도 많이 올랐고 언제까지 건강할지도 걱정돼요. 종신보험 1억 원의 가치를 새롭게 느꼈어요. 집값 수준의 보장은 되어야 할 것 같네요. 2억

원을 증액하겠습니다. 지금 미루면 못할 것 같아서요.

　1천만 원의 가치를 설명해서 20배의 보장을 이끌어 낸 사례이다. 가치를 제대로 알게 되면 더 많이 가지고 싶고 주변에 소개하고 싶어 한다. 1천만 원의 가치를 아는 고객은 1천만 원만 선택하지 않는다. 그래서 내가 추천하는 것이 '천천히 프로젝트'다. 10년 동안 1천만 원의 보장을 1천 명에게 전달하는 것이다. 1억 원의 보장을 1년에 10명에게 전달하면 세일즈를 계속하기 힘들다. 그러나 1천만 원의 가치를 1년에 100명에게 전달하겠다는 목표로 일하면 행복하게 롱런할 수 있다. 1년에 1억 원 보상을 10명에게 전달하는 세일즈맨이 사냥꾼이라면 1년에 1천만 원 보장을 100명에게 전달하는 세일즈맨은 농부다. 당장 많은 수확을 거둘 수는 없지만 뿌린 만큼 언젠가는 결실을 본다.

● **목표는 높게! 준비는 바닥부터!**

　히말라야에 있는 에베레스트 뷰 호텔은 전망이 좋은데도 투숙객이 적어 운영이 어렵다. 호텔이 3,880m 높이에 있는데 다들 경비행기를 타고 순식간에 올라오기 때문에 고산증에 시달린다. 조금 시간이 걸리고 고생스럽더라도 밑에서부터 천천히 고도에 적응하면서 올라오면 과정도 즐길 수 있고 정상에 오래 머물면서 전망도 즐길 수 있을 텐데 말이다.

목표가 뚜렷하면 방법은 어떻게든 찾는다. 현실이 힘들고 어려울수록 목표를 선명하게 하는 것이 좋다. 질퍽한 펄에서 한 발을 빼면 다른 발이 더 깊이 들어가는 상황이 반복된다. 상황이 변하는 것은 아니지만 선명한 목표가 있으면 현실이 덜 힘들게 느껴진다. 종신보험은 당장 혜택을 보는 것이 아니기 때문에 논리적으로 선택하기 힘들다. 먼 미래 행복이 유지되는 상상을 해야 그 가치를 알 수 있다. 종신보험은 당장의 불편함을 감수하면서 미래의 불행을 막겠다는 생각이 있어야 선택한다.

고객의 니즈를 파악해서 3억 원의 보장이 필요한 경우
"지금 설명하는 1천만 원은 고객님이 준비해야 할 수준의 1/30입니다. 지금 적게 준비하더라도 최종적으로 준비해야 할 수준을 잊어서는 안 됩니다."
라고 이야기를 해야 한다. 그래야 다음에 추가 가입을 이야기해도 공감을 한다. 누구나 성장을 멈추는 순간 퇴보한다. 보장도 같은 금액으로 몇 년을 유지하는 것은 성장이 멈췄다는 것을 의미한다. 종신보험의 가치를 느끼는데 보험료가 부담되어서 망설인다면 1천만 원이라도 선택해야지 선택 자체를 미루는 것은 말이 안 된다. 단 1천만 원이라도 성장의 싹을 만들어 주어야 한다. 내가 지금까지 지속적으로 고객을 만나고 계약을 할 수 있었던 원천은 고객의 보장을 성장시켰기 때문이다.

"이 정도 보장이면 완벽합니다. 이제 편하게 생활하시면 됩니다."
라는 달콤한 말 대신 이렇게 말해보자.

"보장은 살아서 움직입니다. 고객이 성장하면 보장도 같이 성장해야 합니다. 지금 준비한 보장이 작은 것은 아니지만 그렇다고 충분하다고 말할 수도 없습니다. 건물 층수가 높아지면 안전망의 굵기와 크기도 달라져야 합니다. 제가 가끔 한 번씩 찾아와서 상황에 맞게 조정해 드리겠습니다. 다시 한 번 말씀드리지만 고객님도 보장도 함께 성장해야 합니다."

우보천리(牛步千里)! 종신보험 세일즈에서 우식하게 천천히 가는 것이 가장 빠르게, 가장 멀리 가는, 즉 롱런의 지름길이다.

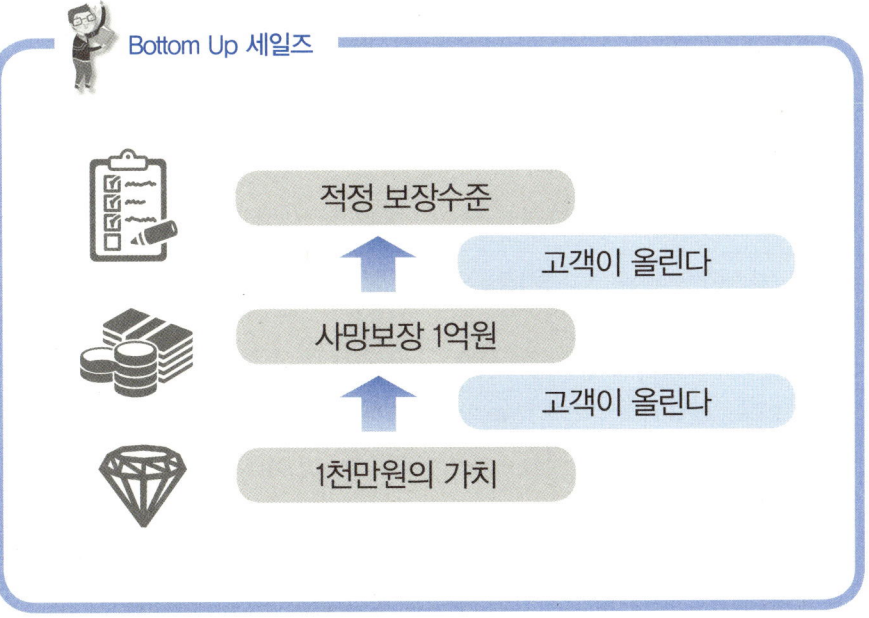

# 3. 수익률에 투자 / 시간에 투자

● 바람을 막아라

은행에 근무할 때 만기 된 적금을 찾으러 온 사람들은 하나같이 이런 말을 한다.

"왜 항상 적금이 만기 될 때는 돈 쓸 일이 생기죠?"

3년 동안 열심히 1천만 원을 모아봤자 이것저것 쓰다 보면 어느새 손에 쥔 모래알처럼 사라진다. 그래서 애써 모은 돈을 안전하게 지켜줄 바람막이를 설치해야 한다. 그 과정에서 발생하는 비용은 내가 20년, 30년 후에 쓸 자금을 미래로 보내는 우편요금이다. 부자가 된 사람들은 재테크로 돈을 벌지 않는다. 일을 해서 돈을 벌고 재테크로는 번 돈을 지킨다. 돈을 모으는 것은 시간과 욕망에 맞서 견디는 것이다. 축구에서 승부에 결정적인 역할을 하는 것은 슈터가 아니라 골키퍼다. 골을 먹지 않으면 이기지는 못해도 최소한 지지는 않는다.

가치가 낮은 상태에서 돈만 벌려고 하면 돈도 못 벌고 더 좋은 기회마저 잃을 수 있다. 요즘 같은 저금리, 저성장 시대에 돈을 모으려면 인내심을 가지고 시간에 투자해야 한다. 위험 없이 높은 수익을 내는 상품은 없다. 단기간에 높은 수익을 기대하는 사람은 사기를 당하기 쉽다. 그런 측면에서 가장 안전하게 목돈을 모으는 방법으로 종신보험만 한 것이 없다. 사망이라는 큰 태풍이 와도 가족들에게 피난처를 마련해준다. 납입이 끝날 때까지 수익률은 없지만 어떠한 경우에도 처음 계획한 돈은 보장한다. 이자나 투자수익만 포기한다면 가장 안전하다.

20년 후에 쓸 노후 자금을 위해 적금에 가입하면 3년 만기가 될 때마다 찾아오는 소비의 유혹을 이기기 어렵다. 그래서 넛 천 냉 중에 한 냉 정도만이 목표를 이룰 수 있다고 한다. 원금이 사라지는데 수익률이 무슨 의미가 있을까? 가장 중요한 것은 약간 손해가 나더라도 원금을 지키는 것이다. 돈을 모으는 것은 사막에서 모래를 모으는 것과 같다. 아무리 힘들게 모래를 모아도 바람이 한번 불면 싹 날아간다. 그래서 모으는 것도 중요하지만 바람을 막는 것이 그보다 더 중요하다.

● 종신보험이 막아주는 4가지 위험

1. 리스크(질병, 장해, 사망)
2. 자산이 사라지는 것(충동적 소비)
3. Inflation / Deflation(물가)

4. 세금(증여세, 상속세)


종신보험이 막아주는 위험은 4가지이다. 첫 번째는 아프거나 다치거나 사망했을 때 가족들에게 닥칠 위험이다. 몸값이 아무리 높아도, 아이들이 큰 꿈을 가졌어도 가장이 쓰러지면 모든 것이 물거품이 된다. 따라서 최우선적으로 막아야 할 것이 리스크이다. 재해나 상해보다 질병의 리스크가 더 크다. 빈도도 높을뿐더러 경제적 충격도 크다. 사망은 빈도는 한번이지만 일단 발생하면 모든 것이 무너진다. 두 번째는 충동적인 소비로 자산이 사라지는 위험이다. 종신보험은 충동적 소비의 유혹으로부터 자산을 지켜준다. 세 번째는 Inflation과 Deflation의 위험이다. 물가는 올라갈 수도 있고 내려갈 수도 있다. 어떤 고객은 물가 때문에 몇 십 년 후에 가치가 얼마나 되겠냐고 의문을 가진다. 그러나 원금이 보장되지 않는다면 물가도 의미가 없다. 또한 보험의 납입기간을 길게 할 경우 돈의 가치가 절반으로 떨어지면 납입부담도 절반으로 줄어든다. 마지막은 세금의 위험이다. 세금도 시간을 가지고 준비하면 적법하게 절약할 수 있다. 그런데 갑자기 대비하려고 하면 위험부담을 감수해야 하고 불법이 된다. 종신보험을 자산으로 물려주면 세금도 절약할 수 있고 상속세 재원으로 활용된다.

주위에 성공한 것으로 알려졌던 지인이 갑자기 사망했다. 최근에 학원사업이 어려워지면서 스트레스를 많이 받아왔다고 한다. 사망한 사업가의 부인이 상속 포기를 고민하고 있다는 이야기를 의사인 고객에게 이야기했더니 그는 이렇게 말했다.

"의사들도 껍데기 될 의사들 많아요. 1~2년만 아파도 수입은 끊기고 지출은 그대로니까 금방 빈털터리가 되지요."

고소득 전문직에게도 사망보장이 필요한 이유가 여기에 있다. 수익률에 신경 써서 여기저기 투자하면 신경만 쓰이고 별 도움이 안 되는 경우가 많다. 자산을 지키는 쪽으로 생각을 바꾸면 기대치가 낮으니 실망할 일이 없다. 자산에 신경 쓸 일이 없으니 자기 일에 더 집중할 수 있다. 세상에서 가장 불쌍한 사람은 돈 버느라고 고생하고, 번 돈 관리하느라 더 고생하는 사람이다. 자신의 가치를 높이고, 자산을 지키는 것이 정말 중요한데 실행은 어렵다.

● **목적지 도착이 중요하다**

한 고객이 10년 동안 종신보험을 유지하다가 사업 때문에 해지하며 이렇게 말했다.

"결국 마지막에 남은 것은 보험밖에 없어요. 수익이 높았던 부동산이나 주식은 벌써 오래전에 팔아서 다 썼어요. 잊고 있던 보험이 마지막까지 남아서 내가 새로운 일을 시작할 종잣돈 역할을 하네요."

교육자금이든 노후자금이든 필요한 시기에 필요한 금액이 통장에 들어있어야 한다. 어딘가에 투자해서 수익이 나면 당장은 좋지만 마지막 순간 통장에 돈이 없으면 마음만 아프다. 히말라야 안나푸르나 트레킹 코스에는 3천 개가 넘는 계단으로 된 길이 있다. 계단이 몇 개인지를 생각하면 힘들어서 못 올라간다. 숫자를 잊어버리고 한 계단 한 계단 아무 생각 없이 오르다 보면 언젠가 끝이 나온다. 이처럼 수익률을 잊고 시간을 견디는 것이 중요하다.

금융상품도 목적한 기간까지 견디려면 잊어버리고 살아야 한다. 중간에 수익률, 해지환급금을 자주 보는 사람은 끝까지 유지하기 힘들다. 수익률이 좋아서 돈이 쌓이면 그 돈으로 무엇을 할까 하는 생각으로 가슴이 설렌다. 돈에 대한 생각이 머리 속에 차 있으면 쓸 곳이 생기고, 쓸 곳이 생기면 해지하는 것이 정해진 수순이다.

시간을 이기는 수익률은 없다. 돈을 버는 가장 안전하고 지혜로운 방법은 나의 가치를 높여서 돈을 버는 것이다. 그렇게 번 돈을 고스란히 지키는 것이 최고의 수익률이다. 그러려면 긴 시간을 견디는 인내심이 필요하다. 그러나 사람의 인내심에는 한계가 있기 때문에 시스템에 자신을 밀어 넣어야 한다. 종신보험이라는 시스템은 외부의 위험으로부터 소중한 자산을 보호해주는 든든한 바람막이가 된다.

 번다/모은다/지킨다

| 번다<br>**투자**<br>나를 키운다 | 모은다<br>**인내**<br>시간에 투자 | 지킨다<br>**보호막**<br>바람을 막는다 |
|---|---|---|
|  |  |  |

# 4. 문제에 집중 / 해결에 집중

● 문제는 문제를 부른다

횃불로 저글링을 할 때 횃불의 손잡이에 집중해야 두려움 없이 저글링이 가능하다. 모든 문제에는 해결이라는 손잡이가 있다. 죽음에도 손잡이가 있는데 그 손잡이가 종신보험이다. 그 손잡이에는 꿈, 사랑, 배려라는 손수건이 감겨있다. 종신보험이라는 손잡이에 집중하면 두려워하는 죽음의 문제가 자연스럽게 해결된다.

보험회사가 망하면 어떻게 하느냐고 고객이 물으면 어떻게 답변해야 할까? 문제에 집중하는 세일즈맨은 본인이 근무하는 회사의 건전성을 다른 보험사와 비교해서 설명한다. 그러나 해결에 집중하는 세일즈맨은 이렇게 말한다.

"네, 맞습니다. 보험회사도 망할 수 있습니다. 그런데 은행, 증권회사, 보험사 중에 어디가 제일 안전할까요? 원래 보험은 사회보장이므로 국가가 해야 할 일입니다. 만약 보험회사가 기능을 하지 못하면 국가가 그 책임을 져야 합니다. 그렇다면 국가는 어느 금융기관을 끝까지 보호할까요? IMF 때 많은 보험사가 망했지만, 고객님들이 손해를 본 경우는 없었습니다."

'끌어당김의 법칙'이란 모든 사물과 생각이 비슷한 것을 자석처럼 끌어당기는 법칙을 말한다. 인터넷 게시판에서 끌어당김의 법칙을 본 누군가가 댓글을 달았다.

"왜 나는 일을 열심히 하는데 항상 바쁘기만 하고 돈이 없는 거지?"

그러자 누군가가 그 밑에 다시 댓글을 달았다.

"바보야 일만 생각하니까 일이 끌려오지. 돈을 끌어오려면 돈이 있어야지."

우문현답이 아닐 수 없다. 문제는 또 다른 문제를 끌어오고 해결책은 또 다른 해결책을 끌어온다. 문제에서 해결책으로 생각의 패러다임을 바꾸는 순간 그동안 안 보이던 것들이 새롭게 보인다.

경제가 어려워지는 경우의 대응도 마찬가지다. 일이 안 되는 것을 경제만 탓하고 있으면 고객에게 제대로 된 세일즈를 하지 못한다. 경제가 어려워지면 새로운 관점에서 더 노력하라는 의미로 받아들이고 새로운 시도를 해야 한다. 종신보험만큼 세일즈하기 힘든 상품도 없지만 다른 측면에서 생각하면 그만큼 단순하고 효율적인 상품도 없다. 종신보험 세일즈가 어렵다면 그것은 보험 자체의 문제가 아니라 보험을 바라보는 관점의 문제다.


● 할 수 있는 것에 집중하라

　매니저가 맘에 안 들어서 일을 못 하겠다는 세일즈맨들이 많이 있다. 그렇다고 계속 불평만 해서는 문제가 해결되지 않는다. 매니저를 바꿀 수 없다면 매니저를 대하는 태도와 관점을 바꾸면 된다. 상대를 바꾸는 것은 불가능하지만 내가 변하는 것은 가능하다. 매니저가 마음에 안 든다고 불평하는 세일즈맨은 어떤 매니저를 만나도 똑같다. 내가 변하지 않는데 상황이 변할 리 없다.

　"행복한 가정은 모두 엇비슷하고, 불행한 가정은 불행한 이유가 제각기 다르다."
　라는 톨스토이의 말처럼 종신보험 계약을 하지 않는 사람들의 이유도 제각각이다. 그런데 보장을 선택하는 사람들의 이유는 비슷하다. 그래서 세일즈맨은 고객이 선택을 못 하는 여러 가지 이유에 관심을 가지면 안 된다. 고객이 선택해야 하는 한 가지 이유를 찾아내서 그것에 집중해야 한다. 고객의 상황을 단순하고 정확히 파악하여 고객이 이해하기 쉬운 방법으로 다가가야 한다. 어떤 문제에도 해결책이 있다는 생각으로 접근하면 해결책이 보인다. 해결방법에 집중하는 세일즈맨은 불평할 시간에 전화 한 통 더 하거나 고객 한 명 더 만난다.

상속세 때문에 잠이 안 온다는 고객이 있었다. 그러나 세금을 내지 않고 상속할 수 있는 방법은 없다. 그래서 나는 지금 당장 할 수 있는 3가지의 방법을 제시했다. 그것은 증여세를 내고 증여하거나, 사회에 환원하거나, 상속세만큼의 종신보험에 가입하는 것이다. 고객은 자식에게 자산을 미리 물려주면 자생력이 떨어질까 봐 걱정되고 그렇다고 기부는 하기 싫어서 결국 상속세 재원을 종신보험으로 준비했다. 그때부터는 잠을 편안히 잔다.

● **문제 속에 답이 있다**

나는 지금까지 많은 보험계약을 했지만 그중 여유가 있어서 가입한 고객은 많지 않다. 아무리 수입이 많아도 돈은 항상 부족하다. 중요한 것에 지출의 우선순위를 바꾸는 것이다. 100억 원의 재산을 가지고 있고 월수입이 1억 원 이상 되는 사람에게 10만 원 금액으로 작은 보장이라도 준비하라고 하면 쉽게 가입을 할까? 그럴 여유가 없다고 이야기한다. 부자들은 가치가 느껴지지 않는 것에는 단 1원도 쓰려 하지 않는다. 그래서 부자가 된 것이다.

돈을 많이 번다고 여유가 생기는 것은 아니다. 그러나 가치를 느끼면, 어떻게 해서든 여유를 만들어 낸다. 고객이 여유가 없다고 이야기하는 것은 "내게 지출의 우선순위를 바꿀 만한 충분한 이유를 말해

달라."

는 의미이다. 그래서 프레젠테이션을 잘하면 여유가 전혀 없던 고객도 다시 연락이 와서 가입하는 경우가 있다. 수입은 그대로인데 생각이 바뀐 것이다. 어떻게 여유가 생겼냐고 물어보았더니 고객은 이렇게 대답했다.

"학원 하나 더 보내고 좋은 옷, 좋은 음식 사주는 것이 아이들을 위한 것인지, 어떤 상황에서도 아이들의 꿈을 지켜주는 것이 아이들을 위한 것인지 생각해 보라는 말이 자꾸 머리 속에 맴돌았어요. 저도 아빠가 병으로 일찍 돌아가셔서 제 꿈을 이루지 못했거든요. 그래서 아이들과 상의해서 학원을 한 곳 줄였어요!"

어떤 어려운 문제에도 해결책은 있다. 다음 대화를 보자.
"저는 만날 사람이 없어서 세일즈를 더 이상 못하겠어요."
"만날 사람만 있으면 일을 계속하고 싶다는 뜻이군요. 본인이 생각하기에 왜 만날 사람이 없는 것 같아요? 만날 사람이 많았을 때는 어떤 때였나요? 어떻게 하면 만날 사람을 만들 수 있을까요?"
"요즘은 소개를 못 받는 때가 많아요. 소개요청을 적극적으로 간절하게 했을 때는 만날 사람이 많았었어요. 옛날처럼 소개요청을 집요하게 지속적으로 해야겠어요."
문제에 집중하지 말고 해결책에 집중하라. 그러면 더 좋은 해결책이 계속 떠오른다.

세일즈맨의 관심과 문제는 계약을 해서 성과를 내는데 있다. 반면 고객들은 가장의 갑작스러운 사망에 관심을 갖고 또 그것을 심각한 문제로 인식한다. 세일즈맨의 문제는 고객의 문제를 해결해 줌으로써 해결된다.

세일즈맨이 고객의 어려움에 관심을 갖는 것은 해결방법에 집중하는 것이고 그렇게 하면 고객과 세일즈맨 모두의 문제가 해결된다.

# 5. 티칭 / 코칭

● **티칭은 나만 감동한다**

"지난달에는 사장 승진 예정자, 은행원, 건설회사 중견 간부, 취업준비생을 코칭하면서 다양한 직업을 가진 사람을 만나다 보니 흥미롭고 재미있었어요."

"비즈니스 코칭만 한다고 말씀하지 않으셨나요? 그리고 나이 차이가 30년 가까이 되는 청년과도 대화가 되세요?"

"소개로 연락이 오니까 거절할 수가 없어서 그냥 했어요. 전혀 다른 분야, 다른 경험을 가진 사람들을 코칭하다 보니 더 잘 되어서 다들 고마워하고, 저도 배우는 게 많았어요. 사장 승진 예정자는 나중에 대표가 되어서 꼭 사용해보고 싶은 좋은 경험이었다고 허리를 90°로 굽혀 인사하던걸요."

어느 코치와 나눈 대화 내용이다.

나는 사장을 해본 적이 없고 건설 관련 일을 해본 적도 없다. 그런데 사장이나 건설회사 직원들을 코칭한다. 또 나이가 50대인데 20대와 소통할 수 있고 남자지만 주부와 나누는 대화가 자연스럽다. 이것은 티칭으로는 불가능한 일이다. 코칭은 내가 상대방의 역할, 문제점, 해결책을 알 필요가 없다. 궁금한 것은 질문하면 된다. 답을 줄 필요도 없다. 스스로 답을 찾아가도록 도와주면 된다. 미리 해답을 준비하는 것은 내 의도대로 이끌어갈 가능성 때문에 위험하다. 코칭을 하기 위해서는 가방도 머리도 가볍게 해야 한다. 아무런 준비 없이 어느 누구를 만나도 두렵지 않다.

세일즈는 우리가 얼마나 똑똑한지를 보여주기 위해 하는 것이 아니다. 가망고객들이 올바른 선택을 스스로 할 수 있도록 도와주기 위해서다. 코칭의 기본철학은

'고객은 무한한 잠재력을 갖고 있고, 고객이 이미 답을 알고 있다.'

는 것이다. 과거에는 세일즈맨이 정보의 양이나 질에서 우위를 점한 상태에서 고객을 상담했다. 그러나 지금은 고객들이 인터넷을 통해 더 많은 정보와 해답을 알고 있다. 세일즈맨이 티칭을 통해서 해답을 주려고 하면 고객과의 거리는 멀어진다. 고객을 믿고 고객에게 선택권을 줄수록 관계는 오래 지속된다. 내가 답을 줄 수 있는 사람만 만나면 대상이 한정된다. 그러나 내가 답을 줄 수 없는 사람도 편하게 만나면 프로스펙팅의 한계를 뛰어 넘어설 수 있다. 결국 이는 한 차원 높은 성과를 낸다.

티칭은 바가지로 병에 물을 쏟아붓는 것과 같다. 알고 있는 것을 모두 쏟아내니까 본인은 후련해도 실제로 병에 들어간 물은 별로 없다. 한편 코칭은 깔때기를 이용하여 병에 물을 채우는 것과 같다. 시간은 많이 걸리지만 흘려버리는 것 없이 모두 다 들어간다. 티칭은 내가 감동하지만 코칭은 고객이 감동한다.

코칭은 답을 알려줄 필요가 없다. 질문으로만 모든 것을 해결해야 한다. 티칭은 받으면 받을수록 상대의 지식에 압도되어 스스로가 초라해진다. 반면 코칭을 받으면 받을수록 자신도 장점이 많은 사람이란 걸 알게 되어 기분이 좋아진다. 그래서 고객은 자연스럽게 코칭을 선호한다. 그런 이유에서 나는 후배들에게 공부하지 말라고 한다. 공부를 해서 머리에 든 것이 많아지면 고객이 스스로 답을 찾도록 기다리지 못한다. 열심히 일하고 많은 도움을 준 것 같은데 정작 성과가 나지 않는다. 세일즈가 잘 안 되니까 또 공부를 한다. 불행의 악순환이다.

다른 회사에서 주지 않는 아주 특별한 혜택을 주는 금융상품은 없다. 경쟁사에서 그렇게 내버려 두지 않는다. 장점만 부각시켜 왜곡된 정보는 오히려 고객에게 해가 된다. 고객이 스스로 결정해야 나중에도 부작용이 없다. 종신보험은 나보다 내가 사랑하는 사람을 위할 때 선택한다. 그래서 억지로 설득해서 판매하면 안 된다. 세일즈맨은 고객이 스스로 선택할 수 있도록 옆에서 도와주는 역할만 하면 된다.

● **코칭 사례**

다음은 종신보험 관련 고객과 코칭식 대화를 나누었던 사례이다. 고객이 생각을 이야기하면 질문을 통해 진심이 무엇인지 알아야 한다.

**고객**: 저는 종신보험보다는 저축을 해야 할 것 같아요.

**세일즈맨**: 왜 그렇게 생각하세요?

**고객**: 돈이 없으면 불안하고 서럽기도 해서요.

**세일즈맨**: 가장 서러웠던 때가 언제였나요?

**고객**: 아플 때 자신을 걱정하는 것이 아니라 병원비를 걱정할 때였어요.

**세일즈맨**: 친한 친구가 똑같은 고민을 할 때 어떻게 조언할 것 같으세요?

**고객**: 글쎄요. 항상 건강하다는 보장을 할 수 없으니까 저축만 하라고 할 수는 없겠네요.

**세일즈맨**: 앞으로 가장 걱정되는 경우는 어떤 경우인가요?

**고객**: 가장인 아빠가 실직하거나 아플 때죠.

**세일즈맨**: 그런 걱정을 줄일 수 있는 한 가지를 생각한다면 어떤 것이 있을까요?"

**고객**: 저축은 시간이 걸리고...역시 보험이겠네요.

내가 워런 버핏도 코칭할 수 있다면 믿겠는가? 일개 보험 세일즈맨이 감히 세계 최고의 부자 중 한 명인 워런 버핏을 코칭하다니? 티칭은 불가능하지만 코칭은 가능하다. 티칭이라면 당연히 내가 워런 버핏에게 받아야 한다. 그러나 코칭은 내가 가르치는 것이 아니라 상대의 내면에서 장점을 이끌어내는 기술이기 때문에 얼마든지 가능하다. 내가 워런 버핏을 코칭하는 장면을 가상으로 구성해 보았다.

"10년 후에 선생님이 이루고자 하는 것은 어떤 것인가요?"
"지금 관리하는 회사 규모를 10배로 키우고 싶어요."
"생각하신 대로 된다면 기분이 어떨 것 같으세요?"
"뿌듯할 것 같아요."
"이루어진 후의 하루를 생각해 보신다면 어떨까요?"
"행복하고 편안한 하루가 상상되는군요."
"목표를 성공적으로 이룬 모습을 보면 가족이나 친구들은 어떻게 생각할까요?"
" '역시 당신이야. 해 낼 줄 알았어.' 라고 이야기할 것 같아요."

"생각하신 목표가 선생님의 인생에 어떤 의미가 있을까요?"
"인생에서 중요한 전환점이 될 수 있겠죠."
"목표를 이루는 데 선생님만의 강점이 있다면 어떤 것이 있을까요?"
"논리적으로 설득을 잘하는 편입니다."
"왜 그렇게 생각하세요? 최근 그것을 활용한 경험은 있으신가요?"

"최근에 어려운 회사 M&A를 성사시켰죠."

"목표를 이루는 데 도움을 줄 사람은 누가 있을까요?"

"증권회사에 유능한 친구가 있어요."

"목표를 이루기 위해 지금 해야 할 일이 있다면 어떤 것이 있을까요?"

"자금문제를 해결해야 해요."

"목표를 이루는데 가장 어려운 장애물이 있다면 어떤 것이 있을까요?"

"시장상황이 급변하는 것이 문제네요."

"시장상황을 어떤 방법으로 극복할 계획이세요?"

"전문가의 조언을 받아야죠."

"오늘 저와 이야기를 나누면서 어떤 것을 느끼셨나요?"

"10년 후가 구체적으로 그려지고 내가 해야 할 것과 장점들을 알게 되니 좋네요. 많은 도움이 되었어요."

"목표를 이루는 데 제가 도움을 드릴 것이 있을까요?"

"금융 관련 정보를 주면 좋겠네요."

"도움을 드릴 만한 정보를 정리해서 다음 주 수요일 오전 찾아 뵈도 될까요?"

"수요일 오전 10시에 잠깐 뵙죠."

코칭은 상대가 본인의 이야기를 할 수 있게 통로만 열어주면 된다. 섣불리 정답을 주려고 하면 자칫 망신만 당한다. 상대와 좋은 관계도 유지할 수 없다. 내가 답을 줄 수 있는 사람만 만나다 보면 나보다 높은 수준의 사람들을 만날 수 없다. 이럴 때 코칭이 필요하다. 코칭을 익히면 가망고객 발굴에 새로운 지평이 보일 것이다.

티칭은 머리에, 코칭은 가슴에 가깝다. 종신보험은 고객이 가슴으로 느끼게 해야 세일즈가 가능하다.

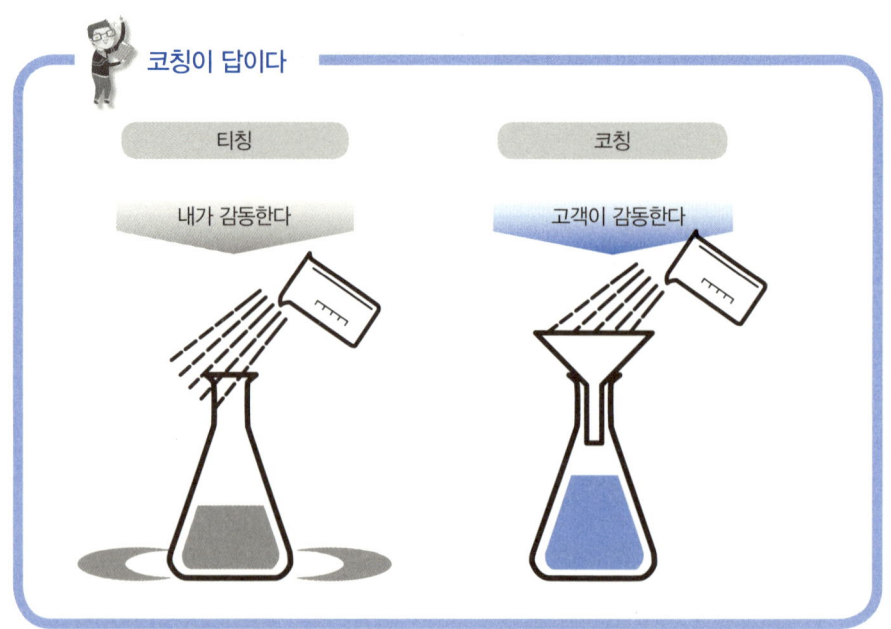

코칭이 답이다

# 6. Intelligence / Extelligence

● 깔때기형 인간이 되어라

돈이 있으면 비행기를 타고 제주도에 빨리 갈 수 있다. 돈이 없다면 기차와 배를 타고 가야하니 긴 시간을 투자해야 한다. 그런데 새내로 된 정보를 얻을 수 있다면 기차표값으로 비행기 티켓을 구입해서 빨리 갈 수 있다. 정보는 돈과 시간 두 가지 문제를 동시에 해결한다.

과거에는 혼자 똑똑해도 성공할 수 있었지만 요즘은 집단지성을 이용해야 성공할 수 있다. 나는 매년 강의 자료의 30% 정도를 새롭게 바꾼다. 나는 동료들에게 최신 정보를 아낌없이 나누어준다. 그러고 나면 새로운 정보가 없다는 위기감이 들고 또다시 새로운 정보를 얻기 위해 노력한다. 그러나 내 것을 나눠주는 것은 결코 손해가 아니다. 나에게서 정보를 받은 동료들은 기꺼이 자신이 가진 정보를 나에게 보내준다. 이렇게 받은 정보를 토대로 내 아이디어를 첨가하여 나의 자료를 업그레이드시키고, 그 자료를 또다시 동료와 나눈다. 이러한 과정을 무한히 반복함으로써 나도 동료도 모두 Win-Win 할 수 있다. 먼저 내 것을 주어야 공간이 생기고 공간이 생겨야 새로운 것을 받아들인다.

나는 종신보험 위주로 판매하지만 연금보험, 저축성보험, 건강특약에 대해서도 다양한 정보를 받아들인다. 수익률이나 숫자보다는 가슴으로 느낄 수 있는 사랑, 배려에 초점을 맞춰 설명하지만 자산운용이나 세금도 공부하고 자격증도 취득한다. 처음에는 전혀 관련이 없어 보이던 정보가 나중에는 서로 연결되는 경우가 많다. 내가 가진 자녀교육, 부동산에 관련된 정보도 종신보험 세일즈에 큰 도움이 된다. 자녀교육과 주택구입은 대부분의 사람들이 관심을 가지는 분야이기 때문에 말이 통한다.

고객과 마음속으로 소통하지 않으면 종신보험 판매는 불가능하다. 소통을 하기 위해서는 먼저 편견 없이 정보를 받아들여야 한다. 그러기 위해서는 모든 정보를 받아들여서 필요한 것을 모으는 깔때기 같은 사람이 되어야 한다. 깔때기가 넓을수록 가망고객의 범위도 넓어진다.

● **정보수용의 균형을 유지하라**

아들이 군대에 장교로 가는 것을 고민하고 있었다. 학교 선배들에게 물어보니 좋게 말하는 사람이 하나도 없었다. 그래서 그 선배들 중에 장교로 다녀온 사람이 있었냐고 물었더니 아무도 없었다고 했다. 그래서 나는 실제로 장교로 다녀온 사람에게 물어보거나 직접 설명회에 가서 들어보라고 권유했다. 아들은 설명회에 다녀와서 장교를 지원했다. 자신이 잘 모르는 분야는 솔직하게 모른다고 해야 하는데 무책임하게 잘 아는 것처럼 단정적으로 이야기하는 사람들이 종종 있다. 그런 대답에 의해 질문자의 인생이 결정되는 경우도 있다. 정보는 편견 없이 받아들이되 판단은 반드시 스스로 해야 한다.

예전에 어느 고객과 종신보험의 사망보장 금액을 5억 원으로 하기로 결정하고 며칠 후 계약체결을 위해 만난 적이 있다. 고객은 내뜸 보장 금액이 너무 커서 줄여야겠다고 말했다.

**세일즈맨**: 지난번에 만족스럽게 결정하셨는데 왜 보장금액을 낮추어야겠다고 생각하셨나요?
**고객**: 아는 몇 사람에게 물어봤더니 누가 5억 원씩이나 종신보험에 가입하냐고 너무 큰 보장이라고 하더군요.
**세일즈맨**: 물어본 사람들은 사망보장 금액이 어느 정도나 되던가요?
**고객**: 종신보험에 가입하지 않았거나 1~2억 원 보장수준이었어요.

이는 조깅도 안 해본 사람에게 마라톤에 대해 물어보는 격이다. 사람은 누구나 자기 수준에서 판단하고 대답한다. 보험에 대해 의견을 알아보려면 최소한 본인의 보장금액 이상으로 준비한 사람에게도 물어봐야 하지 않을까? 상황을 정확히 모르면서 단정적으로 이야기하는 것은 위험하다. 가족을 보호할 수 있는 적정 보장보다 훨씬 낮은 수준으로 낮춰서 준비했다가 실제로 문제가 발생하면 누가 책임을 질 수 있겠는가. 대부분의 사람들은 자기가 해보지 않은 것에 대해서는 부정적이다. 그러나 그것보다 더 큰 문제는 주위 사람들에게도 자신의 생각을 마치 사실인 것처럼 말한다. 정보를 균형 있게 받아들이지 못하면 삶의 균형이 깨진다.

● **버려야 얻는다**

선택을 잘하려면 잘 버릴 줄 알아야 한다. 사하라 사막마라톤은 6박 7일 동안 250km를 뛴다. 그냥 뛰기도 힘든데 6박 7일 동안 먹을 식량을 배낭에 넣고 뛰어야 한다. 보다 효율적으로 짐을 꾸리기 위해서 가기 전 한 달 동안은 배낭 싸는 연습을 한다. 음식에 욕심을 내면 배낭 무게 때문에 레이스에서 탈락한다. 그래서 식량은 칼로리가 높으면서 부피가 작은 육포, 분유, 전투식량 등으로 준비한다. 그렇게 최소한으로 준비한 식량도 첫날 레이스가 끝난 후 무게를 줄이기 위해 더 버려야 했다.

원숭이가 항아리에 있는 도토리를 한 웅큼 쥐고 손을 빼려하면 빠지지 않는다. 인디언이 다가오자 발버둥을 치면서도 손을 빼지 못한다.

결국 도토리를 버리지 못해서 소중한 목숨을 잃게 된다.

용기란, 가장 소중한 것을 위해 두번째로 소중한 것을 버리는 일이다. 가장 소중한 가족을 보호하기 위해 두 번째 소중한 돈을 양보해야 한다. 사망보장을 위해서는 건강특약을 양보해야 하는 것도 마찬가지다.

내 생각만 고집하고 외부의 변화를 받아들이지 않았다면 지금까지 종신보험 위주로 세일즈를 할 수 없었을 것이다. 변화의 흐름을 받아들이면서 가치를 지켰더니 여기까지 올 수 있었다. 나 자신을 고객이 활용할 수 있는 플랫폼으로 비워두었더니 오히려 많은 고객들이 모여들었다. 그러면 나는 그 흐름 속에서 새로운 것을 배우고 또 나눠주게 된다. 지나갔다고 사라지는 것이 아니다. 안테나만 제대로 세우면 값진 보물을 얼마든지 얻는다.

### ● 360°가 모두 길이다

사막에는 길이 없다. 즉 사막에서는 내가 가는 모든 곳이 길이다. 목표를 점으로 생각하고 길을 가는 사람은 지도에 나와 있는 선만을 길로 생각한다. 그렇게 생각하니까 남들이 갔던 길만 따라간다.

정해진 방향에서 조금만 방향을 틀면 새로운 길이 되고 남의 뒤를 따라갈 필요도 없다. 지인의 아들 중 미국의 명문대학에 다니던 유학생이 있었다. 우울증에 걸렸다길래 방학 때 두 달 동안 멘토 역할을 해줬다.

그 학생은 본인이 공부를 잘한다고 생각했는데, 두 명의 룸메이트가 본인보다 공부를 월등하게 잘하니까 공부할 희망을 잃었다. 고민 끝에 대학교에서 그 학생과 같은 전공을 공부했지만 지금은 전혀 다른 일을 하고 있는 사람들을 만나게 해 주었다. 그 만남 이후로 학생은 룸메이트들이 경쟁자가 아니며 굳이 그들의 뒤를 따라갈 필요가 없다는 사실을 깨달았다. 오히려 그들이 본인을 도와줄 훌륭한 파트너가 될 수 있음을 알고 표정이 밝아졌다.

내 아들도 처음에는 남자가 간호학과에 가는 것을 부정적으로 생각했다. 그러나 간호학과를 졸업하고 전혀 다른 일을 하는 고객들을 만나게 해줬더니 간호학과=간호사라는 고정관념이 사라졌다. 그리고 스스로의 의지로 간호학과를 선택했다.

종신보험도 마찬가지다. 종신보험=사망보장이라는 직선적 사고로 보면 종신보험이 달가울 리 없다. 하지만 종신보험의 활용법이 360°로 다양하게 열려있다는 사실을 알면 그러한 고정관념을 깰 수 있다. 사망보장만 생각한다면 백만장자나 스님이 종신보험에 가입할 이유가 없다. 회사가 부도나서 도망 다니면서도 종신보험만큼은 유지하고 싶다고 납입하는 사장님은 종신보험의 어떤 길을 보고 있을까? 종신보험의 여러 기능과 각양각색의 사람들이 선택하는 다양한 이유를 알면 종신보험이 긍정적으로 보인다.

고혈압, 당뇨 합병증으로 병원에 누워있는 70세가 넘은 환자에게 종신보험을 설명했다. 그 환자는 신기한듯이 내 얘기를 들었다. 본인은 관심은 있으나 가입할 수 없다며 며느리와 손자를 소개해줬고 계약할 수 있었다. 종신보험 세일즈는 어디로 가야 할지, 누구를 만나야 할지, 사막 가운데 혼자 서있는 것처럼 막막하다. 그런데 아무도 만날 생각을 하지 않는 병원에 누워있는 환자를 만나면 없던 길이 새롭게 열린 것이다. 사막에는 길이 없다. 내가 가는 모든 곳이 길이다. 종신보험 세일즈가 그렇다.

생각을 360°로 개방하라. 그러면 지금까지 보이지 않던 새로운 길이 보이고 멋신 삶의 파트너를 만날 수 있다.

## 나 혼자가 모든 사람보다 똑똑할 수 없다

과거

똑똑한 내가 다 할 수 있었음

현재 / 미래

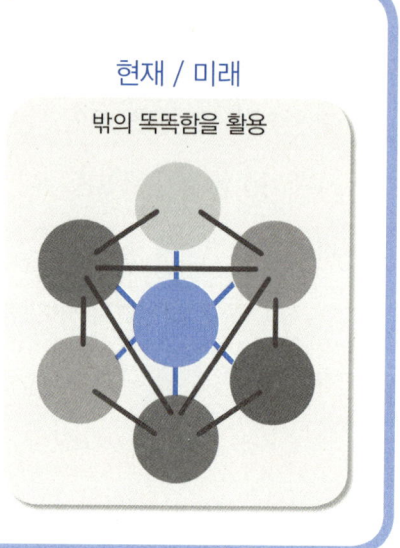

밖의 똑똑함을 활용

## 7. 재무설계 복잡하게 / 간편하게

● 간단한 것이 복잡한 것을 이긴다

　CFP 자격증을 딴 후 배운 대로 하려니까 재무설계가 필요 이상으로 복잡했다. 상담시간도 길어지면서 나도 고객도 힘들어졌다. 좋은 내용을 단기간에 많이 받아들이니까 고객을 만나면 몇 시간을 쉬지 않고 지식을 쏟아냈다. 그런 후 다음에 찾아간다고 전화하면 절대로 못 오게 한다. 자기와 상관없는 이야기를 오랜 시간 듣는 것이 고문처럼 느껴지기 때문이다. 고객에게는 필요한 정보만 주어야 한다. 재무설계도 전체보다는 필요한 부분만 간편하게 적용해야 한다. 팩트 파인딩 시 생활비부터 시작하니까 교육비, 통신비, 주택 관련 대출금 등과 같은 애매한 것들을 분석하다가 지쳐버렸다. 그래서 매월 현금의 흐름에 초점을 맞추고, 재무설계 내용을 단순화했다. 팩트 파인딩도 순서를 거꾸로 뒤집어서 보험, 연금, 투자, 저축을 파악한 후, 실수령액과의 차이를 생활비로 추정하였더니 쉽게 결론이 났다.

재산(財産)은 재(財)테크와 산(産)테크가 합쳐진 개념이다. 재테크는 재물을 모아 덩어리를 만드는 것이다. 산테크는 황금 오리가 알을 낳듯이 일정 기간에 일정 금액이 나오는 시스템을 말한다. 젊어서는 재테크를 해야 하지만 나이가 들어서는 산테크를 해야 한다.

재테크에서는 수입을 늘리고 지출을 합리적으로 조절하는 것이 중요하다. 쓰고 남은 것을 저축하겠다고 하는 사람치고 돈 모으는 것을 못 봤다. 중요한 항목은 쓰기 전에 미리 떼어놓아야 한다. 자산을 지키려면 기간은 단기, 중기, 장기로 나누고 자금운용은 확정, 변동, 변액으로 분산하여 리스크를 줄여야 한다.

산테크에서는 매달 일정한 금액이 강제적으로 배분되도록 하는 것이 중요하다. 정해진 날짜에 안 나오면 생활이 어려워지고 미리 당겨쓸 수 있으면 능력 이상으로 쓰게 되어 곤란해진다. 나이가 들면 판단력이나 관리능력이 현저하게 떨어지기 때문에 어떤 것을 관리한다는 것이 스트레스의 원인이 된다.

은퇴를 하면 수입은 없어지지만 지출은 계속된다. 요즘은 '무병장수'보다 '유병장수'가 많다. 아파서 병원에 입원하면 건강할 때를 기준으로 세운 노후 계획들은 모두 물거품이 된다. 종신보험은 아플 때 삶의 끝부분에서 필요한 것이고 예측이 불가능한 것에 대비하는 상품이다. 종신보험이 준비되지 않은 재정안정계획은 의미가 없다. 따라서 종신보험을 가장 먼저 준비해야 한다.

● 지출 포트폴리오 및 매월 현금 흐름

4인 가족의 일반적인 지출은 실수령액에서 생활비가 40%, 저축투자가 30%, 노후준비가 20%, 리스크가 10%이다. 그러나 이와 같은 숫자는 예시에 불과하다. 사람이 다르면 바뀌고 시간이 흐르면 변한다. 기간별로는 생활비가 40%이고 나머지 60%는 단기 10%, 중기 20%, 장기 20%, 리스크 관리 10%로 배분된다. 중기와 장기 리스크를 어떻게 관리할 것인가가 가장 중요한 포인트이다.

고객입장에서는 단기 문제가 가장 중요하다고 생각한다. 단기 유동성은 장기 상품의 중도 인출, 마이너스 대출, 신용카드 할부 활용 등으로 요즘은 큰 의미가 없다.

내가 CFP를 취득한 초기에는 부동산 같은 큰 자산을 변동시키려고 해서 한동안 어려웠다. 간편 재무설계는 짧은 시간에 상황을 파악하고 자료를 투입해서 간단하게 프레젠테이션을 할 수 있다. 짧은 시간에 재정안정계획을 설명할 수 있는 간편한 방법이다.

〈팩트 파인딩〉

실수령액을 파악하려면 우선 계산의 기준이 되는 소득을 정해야 한다. 총수령액이 3천만 원 이하이면 세금, 국민연금, 의료보험료 등 본인이 손댈 수 없는 금액이 10% 정도가 된다. 5천만 원은 15%, 1억 원 초과 시는 20%, 2억 원 초과 시는 30% 정도로 높아지는데 이 금액을 제

외시키고 12로 나누면 매월 실수령액의 대략적인 추정치를 알 수 있다. 그래서 나는 우선 실수령액을 대략적으로 계산하고 밑에서부터, 즉 보험-연금-투자-저축 등의 순으로 올라가면서 파악한다.

가장 아래 항목에 있는 보험은 장기간 매월 출금되기 때문에 대부분 기억하고 있다. 다음으로 노후관리 또는 펀드나 투자 상품, 투자용 대출이 있는지를 파악한다. 대출을 받아 상가나 주택을 구매한 후 원리금을 갚는 것은 투자용 대출이고, 자동차나 가구 등 소비재를 구입한 후 할부로 갚는 것은 소비성 지출의 대출항목에 포함된다. 부모님 용돈과 아이들의 교육비는 정해져 있어서 대부분 쉽게 기억한다. 실수령액과 파악한 지출의 합을 비교하면 생활비를 알 수 있다. 생활비와 실수령액이 불일치할 경우 통장에 잔고가 남아 있거나 아니면 마이너스가 되는 상황이다. 이런 식으로 짧은 시간에 고객의 매월 현금흐름을 확인한다.

〈소득지출, 순 자산 현황표〉

간편하게 소득지출, 순 자산현황을 한눈에 파악할 수 있는 간단한 요약표를 만든다. 생각보다 많은 사람들이 관심을 갖는 것은 재미로 보는 부자 가능성 지수이다. 이 부자 가능성 지수가 100이 넘어가면 부자가 될 가능성이 높은 것이고 100 이하로 내려가면 가난해질 가능성이 높다. 부자 가능성 지수는 순 자산을 '연봉×나이÷10' 한 것으로 나누어서 산출한다. 나이에 비례하여 얼마만큼의 소득을 순 자산으로 만들었는지를 알 수 있다. 정확한 것은 아니지만 재미 삼아 자신의 자산변동을 체크해 볼 수 있다.

재무설계가 복잡하면 핵심에서 멀어진다. 재무설계를 간편하게 하고 중요한 리스크에 자금을 집중시켜야 한다. 간편한 재무설계지만 다음의 내용이 모두 담겨 있다.

- 저축과 보험, 확정상품과 변동, 변액을 구분하고 정리한다.
- 저축, 투자, 보험의 Portfolio를 점검한다.
- 중요한 것부터 선택하도록 해서 순차적으로 결정하도록 한다.
- 1~2년에 한 번씩 점검하는 시스템을 구축한다.
- 재무설계를 재미있게, 명확하게, 쉽게 해준다.

재무설계를 실제로 해보면 충분히 준비되어 있는 줄 알았던 사람도 가장 중요한 종신보험의 사망보장이 부족하다는 사실을 깨닫는다. 보험회사에 가입한 투자상품이나 연금도 보장성 보험으로 착각하는 경우가 많다. 그러다 보니 보험료는 많이 지출되는데 실속이 없다. 그럴 때는 먼저 보험의 우선순위가 제대로 되어있는지, 적정 보장수준인지를 파악해야 한다.

10억 원의 로또에 당첨되었을 때, 쓰고 싶은 3가지를 고른다면 어떤 자금이 있을까? 로또는 바로 '당신'이다. 당첨금을 한 번에 주지 않고 나눠서 받을 뿐이다.

교육자금, 주택자금, 노후자금을 선택했다면 3가지 자금의 물통크기와 순서를 정한다. 세 개의 물통을 연결하는 파이프를 높게 설치하면 앞의 물통이 다 찬 다음에 다음 통으로 흘러가서 자칫 뒤에 있는 물통은 다 못 채워질 수도 있다. 그러나, 파이프를 밑에 설치하면 비율대로 같이 채워가게 되지만 앞의 물통이 채워지는 속도는 느려진다.

10억 원을 넣은 큰 물통에 구멍이 나거나 금이 가서 물이 새면 수리하는데 비용이 들게 된다. 물통의 물이 새는 것은, 암에 걸리거나 수술 또는 입원을 해서 치료비가 필요한 경우와 같다. 그런 상황에 대한 대비로 암보험 또는 건강보험을 추가 가입하는 것이 '의료비 대체플랜'이다.

큰 물통이 깨질 수도 있다! 사망으로 수입이 딱 끊기는 경우이다. 그런 경우에 대비해서 예비 물통을 준비한다면 어느 수준으로 준비하겠는가? 그 수준이 사망보장 수준이 된다. 물통이 깨졌을 때를 생각해서 준비하는 것이 '소득 대체플랜'이다.

로또는 행운일 수는 있어도 행복을 보장하진 않는다. 재정안정 플랜은 행복을 보장하는 시스템이다.


복잡한 것은 간단하게, 간단한 것은 자세하게 설명해야 한다. 간단한 것이 복잡한 것을 이긴다.

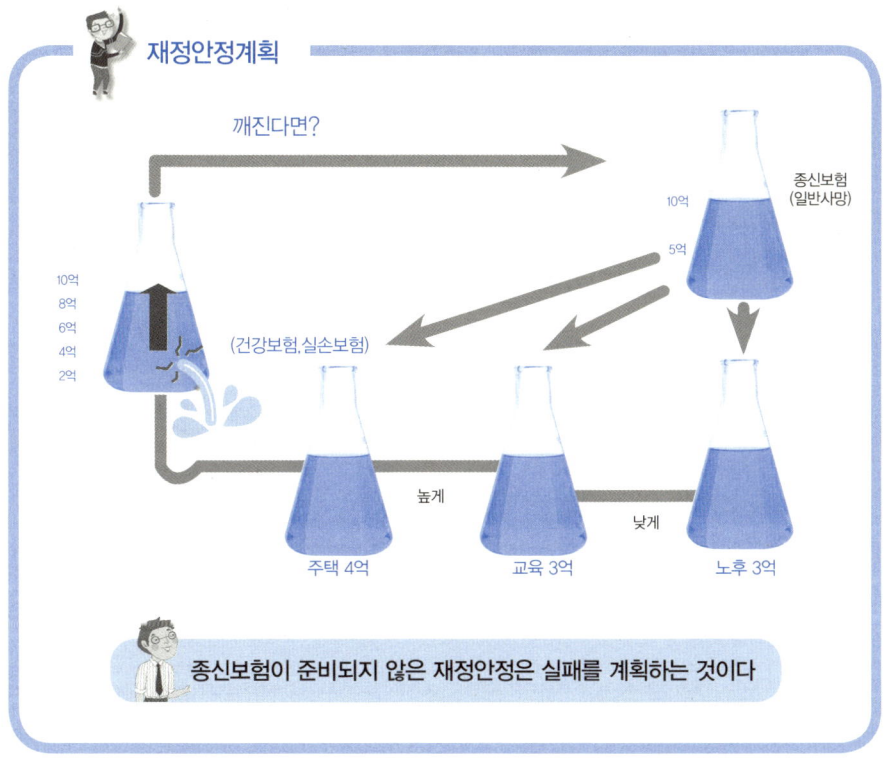

## 8. 처음부터 시작 / 끝에서 시작

● 분명한 목표점을 찍어라

신궁이 되는 비결을 찾아 헤매던 궁수가 어느 산에 신궁이 있다는 소식을 듣고 찾아갔다.

소문대로 표시된 과녁마다 예외 없이 명중되어 있었다. 그는 신궁에게 비결을 물었다.

"먼저 쏘아라. 그런 다음 붓으로 과녁을 그려 넣으면 된다."

- 최윤식의《2030 기회의 대이동》중에서


운전을 해야 한다면 운전면허부터 따야 할까? 아니면 차부터 구입해야 할까?

나는 차부터 구입하고 운전면허를 공부한다. 차를 먼저 구입하면 목표가 뚜렷해져서 공부의 차원이 달라진다. 결국 최단기간에 운전면허를 따게 된다. 세일즈를 할 때도 마찬가지다. 고객을 만들어서 여행을 가려고 하면 시간이 오래 걸린다. 일단 사람들을 모아서 여행을 가면 그중에서 고객이 확보된다.

우리는 여행을 할 때 먼저 내비게이션에 목적지를 입력하고 출발한다. 끝에서부터 시작하는 것이다. 오늘 잠자리에 들기 전에 내일 할 일을 조금 먼저 시작해두면 일의 속도가 1.5~2배는 빨라진다. 오늘의 끝에서 내일을 시작하는 것이다. 끝에서 시작하면 항상 앞서갈 수 있다. 꿈을 쫓아가는 것이 아니라 이미 꿈이 이루어진 것처럼 생각하고 행동하면 정말 그렇게 된다. 스크린에 자신의 모습이 방영되는 광경을 미리 꿈꾸지 않고 스타가 된 배우는 없다. 성공은 꿈을 이룬 자신의 모습을 얼마나 구체적으로 그릴 수 있느냐에 달려 있다.

남극을 여행할 때 32세의 사회초년생을 만났다. 그에게 남극은 여러 여행지 중에서 마지막으로 가고 싶은 곳이었다. 마침 회사에서 여행공모전이 있었는데 자신의 평생 꿈을 담아서 남극 여행을 신청해서 수많은 선배들을 제치고 당첨되었다고 한다. 아마 처음 계획한 대로 아시아, 유럽, 아프리카 등을 순차적으로 여행하고 남극을 가려 했다면 남극에 못 왔을지도 모른다. 최종목적지인 남극을 이미 다녀왔으니 앞으로 아프리카, 인도, 중국을 여행하는 것은 어렵지 않다. 어려운 수학 문제를 풀고 나면 다른 문제들을 쉽게 풀 수 있는 것과 같은 이치이다.

보험에서도 입원, 수술, 암, 고도장해, 연금에 가입한 후에 최종적으로 사망보험에 가입하면 제대로 된 보장안을 받을 수 없다. 인생의 끝, 즉 죽어서 나오는 종신보험의 사망보장 금액을 얼마로 할 것인지를 정하고 난 후에 다른 것들을 설계해야 제대로 된 보장안이 된다. 사람들은 흔히 인생을 이야기할 때 '생로병사(生老病死)'라는 말을 쓴다. 태어나서 늙고 병들어 죽는다는 의미이다. 순서를 거꾸로 '사병로생(死病老生)'이라고 하면 어떨까? 삶이 우왕좌왕하는 것은, 삶의 끝인 죽음이 정해지지 않았기 때문이다. 삶과 죽음은 연결되어 있다. '삶'이라는 글자 위에는 '사'자가 올려져 있다. 죽음이 짓누르고 있기 때문에 삶이 힘들고, 무서운 것이다. 죽음이 준비되면 삶은 가벼워지고 두렵지 않게 된다. 종신보험은 죽음을 준비해주는 것이다. 죽음을 먼저 준비하면 두려움 없이 최선을 다해 산다.

● 잘게 쪼개라

천리 길을 한 번에 가기 힘들다면 1천리를 한번에 1리씩 1천 번을 가면 된다. 1리도 가기 힘들다면 1리를 1천으로 나누어서 한 걸음씩 1천 번을 가면 된다. 그래서 천리 길도 한 걸음부터다. 마찬가지로 1년에 100건을 계약하는 것이 힘들다면 목표를 잘게 쪼개면 된다. 한 달에 10건, 한 주에 2건, 2일에 1건 하는 식으로 잘게 쪼개면 해볼 용기가 생긴다. 수학에서 수능 1등급을 받으려면 1년에 1천 문항의 문제를 풀어야 하는데 그것이 엄두가 나지 않는다면 하루에 30문제씩 1년 동안 풀면 된다. 하루에 30문제도 엄두가 나지 않는다면 오전에 10문제, 오후에 10문제, 저녁에 10문제로 쪼갤 수 있다. 목표는 내가 실행할 수 있을 만큼 잘게 쪼개야 한다.

MDRT를 달성하려면 마음속에 MDRT라는 목적지를 먼저 설정하고, 끝에서부터 거꾸로 계획을 세워나가야 한다. 실행을 할 때는 지금 내가 할 수 있는 일부터 차근차근 해 나가야 한다. 즉 계획은 역순으로, 실행은 정순으로 단계별로 해 나간다.

〈목표 : 나는 MDRT가 된다〉 ← 〈연간 1억2천만 원의 수입을 달성한다〉 ← 〈매월 1천만 원씩 수입을 달성한다〉 ← 〈매주 250만 원 수입을 달성한다〉 ← 〈매주 3건 이상을 계약한다〉 ← 〈매주 3건을 하기 위해 매주 15명을 만난다〉 ← 〈15명을 만나기 위해 50통의 전화를 한다〉 ← 〈50통의 전화를 하기 위해 매주 150명의 전화할 명단을 확보한다〉 ← 〈통화 리스트를 백지에 적는다〉 ← 〈지금 당장 시작한다〉

● **정순으로 실행하라**

'송곳도 끝부터 들어간다'는 속담이 있다. 모든 일에는 순서가 있다는 의미다. 순서가 뒤바뀌면 꼭 문제가 발생한다. 계약을 하려면 제일 먼저 전화부터 해야 한다. 전화로부터 면담 약속이 잡히고 면담이 잘 진행되면 계약이 된다. 전화도 하지 않고 만나지도 않으면서 계약이 잘

되길 기대하면 안 된다. 문제점을 알려면 내가 하루에 거는 전화가 몇 통인지, 1주일에 몇 명을 만났는지를 기록하면 된다. 기록을 하면 두 가지를 알 수 있다. 첫째, 내가 얼마나 전화도 하지 않으면서 쉽게 계약을 하려 했는지를 알 수 있다. 둘째, 하루에 전화 10통하는 것이 결코 쉽지 않다는 사실을 알게 된다. 실패하는 세일즈맨들은 기록을 하지 않는다.

세상은 인과의 법칙에 의해 움직인다. 씨도 뿌리지 않고 결실을 거두려고 하면 안 된다. 내가 오늘 들인 노력이 언젠가 나에게 성과로 돌아온다는 확신이 있어야 한다. 어떤 지역을 매일 다니면서 사람들을 만나면 일정 기간이 지나면서 계약이 이루어진다. 내가 공들여 놓은 고객이 다른 세일즈맨과 계약할 수도 있고, 다른 사람이 공들여 놓은 고객이 나와 계약을 할 수도 있다. 눈앞의 성과만 보면 억울할 때도 있고 허탈감을 느낄 때도 많지만 1년 후, 10년 후, 30년 후에 평균을 내면 결국 내가 공들인 만큼 계약한 것을 알 수 있다. 짧은 기간에 노력한 결과가 100% 나오기를 기대하면 쉽게 포기하게 된다.

성공하려면 끝에서부터 시작해서 역순으로 계획을 세우고 정순으로 실행해야 한다. 먼저 가장 이루고 싶은 꿈을 생생하게 그려보자. 그리고 꿈에서부터 현재까지 거꾸로 징검다리를 놓아보자. 이제 남은 것은 한 걸음씩 징검다리를 밟아나가는 것뿐이다.

끝부터 준비하라

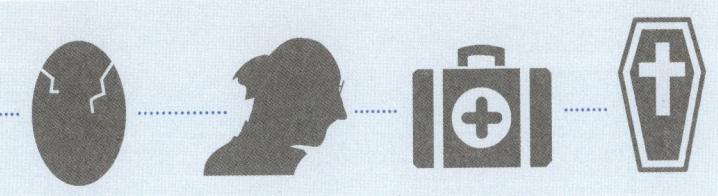

生老病死  死病老生

생로병사　　　　사병로생

사는 순서　　　　준비하는 순서

# PART 4

# E: 쉬운 세일즈 프로세스 (Easy)

# 1. 가망고객 발굴(Prospecting)

● **가망고객 발굴의 의미와 방법**

세일즈 초창기부터 인간관계에 의존하는 관계 중심의 세일즈를 하면 세일즈 과정에서 발생하는 문제점을 파악할 수 없고 결과 예측이 어렵다. 또 당연히 계약을 할 것으로 믿었던 지인들이 거절할 때마다 실망감을 갖게 되어 세일즈를 오래 할 수 없다. 반면 세일즈 프로세스를 정확히 지키면 어떤 부분에서 문제가 있는지 파악하여 개선할 수 있고, 활동 결과를 쉽게 예측할 수 있다. 따라서 세일즈를 할 때는 가망고객 발굴에서부터 소개까지 철저하게 프로세스를 기반으로 해야 한다. 세일즈 프로세스는 보장전달이라는 목적을 달성하기 위해 단계별 구성요소들이 연속으로 실행되는 가장 효율적인 방법이다.

가망고객 발굴은 판매과정에서 가장 중요한 부분이다. 가망고객이 없다면 보험상품을 판매 할 수 없다. 가망고객을 발굴할 때는 계획을 세워서(Planning), 최대한 많은 정보(Information)를 수집하고, 지속적으로 일관되게(Continuous), 그리고 고객의 상황에 섬세한 주의(Awareness)를 기울이면서 해야 한다.

　보통 세일즈를 처음 시작하는 사람들 중 일부는 지인(Base market)을 찾아가지 않겠다고 한다. 자존심 때문인지 모르겠지만 이는 잘못된 생각이다. 지인들은 세일즈 성공의 밑바탕이며, 지인들이야말로 Keyman이 될 가능성이 가장 높다. 지인에게도 자신 있게 판매하지 못하면서 모르는 사람에게 판매한다는 것은 어불성설이다. 세일즈 초기에 지인을 대상으로 상담할 때 더욱더 철저하게 세일즈 프로세스를 지켜야 한다. 그래야 조기에 프로세스를 숙달하여 지인들에게 프로세스 중심의 세일즈를 하면서 전문성과 차별성을 키울 수 있다. 관계중심으로 접근하여 계약 한 건 도와달라는 형태로 세일즈를 한 후 소개를 부탁하면

"나 혼자 희생하면 됐다. 또 누구에게 피해를 주려고 그래?"

　와 같은 생각을 갖고 있어서 절대로 소개를 해주지 않는다.

　세일즈 프로세스는 만날 수 있는 사람을 찾는 일에서부터 시작된다. 이를 가망고객 발굴이라고 한다. 가망고객 발굴은 세일즈를 그만두기 전까지 계속해야 한다. 고객이라는 통장에 계속 입금하면 이자가 불어나지만, 입금을 그만두면 그나마 있던 것도 까먹는다.

　세일즈맨들의 보수가 좋은 이유는 어렵지만 지속적으로 가망고객을 발굴하기 때문이다. 가망고객들이 문 앞에 줄을 서서 보험을 사려

고 기다리는 날이 온다면 세일즈맨이라는 직업은 사라질 것이다. 가망고객을 발굴하는 것이 어렵기 때문에 세일즈맨이 존재한다.

내가 어떤 가망고객에게 접근하는 데 어려움이 있다면 다른 세일즈맨들도 똑같다. 그런데도 누구는 실패하고 누구는 성공한다. 절대로 쉽게 포기하면 안 된다. 때로는 어렵고 까다로운 사람들이 가장 좋은 고객이 된다. 지금까지 누구도 그들에게 보험을 팔지 못했지만 정작 그들은 당신의 상품이나 서비스가 필요할지도 모른다. 많은 세일즈맨들이 말한다.

"만날 사람만 있으면 얼마든지 잘할 수 있는데 만날 사람이 없어요."

축구에 비유한다면 승부차기에서 골을 넣는 것은 일반인이라도 할 수 있다. 온갖 장애물을 제치고 공간을 만들어서 골을 넣는 사람이 진정한 선수다. 세일즈도 마찬가지다.

가망고객은 우선 접근이 가능해야 하고, 보험에 대한 니즈가 있어야 하고, 가입요건에 맞아야 한다. 그러나 이는 어디까지나 이론상의 이야기다. 실제로는 접촉 가능한 모든 사람이 가망고객이다. 접근 가능성, 니즈, 건강, 직업, 경제력, 회사의 심사기준 등은 시시각각 변한다. 상황과 조건을 고정시키지 말고 유연한 마인드로 접근해야 한다. 다른 사람이 가망고객을 대신 발굴해 줄 수 없다. 설사 만들어 준다고 해도 다음 단계로 진행되기 힘들다. 상호 교감하면서 정성 들여 확보한 가망고객이어야 다음 단계로 진행된다. 가망고객 발굴은 세일즈맨에게

숨을 쉬거나 식사를 하는 것처럼 생활의 일부분이다. 언제까지 숨 쉬고 밥 먹어야 하느냐고 묻는 사람은 없다. 가망고객 발굴을 습관화하자!

### ● 모두가 좋아하는 가망고객

- 여유가 있다
- 건강하다
- 보험에 긍정적이다
- 지인 중에 보험 하는 사람이 없다
- 보험 든 것이 없다
- 한가하다

한계와 틀을 깨야 새로운 프로스펙팅이 보인다. 기회는 만들기 나름이다. 건강이 안 좋은 사람을 만나서 이야기를 하다 보면 그 사람은 가입할 수 없지만

"내가 아파 보니까 진짜 건강할 때 해야 하더라. 아내에게 필요하겠다. 우리 딸을 해야겠다. 우리 엄마가 해야겠다."

등과 같이 생각지도 못한 가망고객을 만들어준다.

보험에 긍정적인 사람들은 이미 충분한 보장을 갖고 있을 가능성이

많다. 그러나 고기도 먹어본 사람이 잘 먹듯이, 보험도 많이 가입한 사람들이 더 가입할 가능성이 높다. 뭐든지 긍정적으로 생각하면 단점도 장점이 된다. 반면 보험에 부정적인 사람들은 보험이 전혀 없을 가능성이 많다. 이들은 긁지 않은 복권과 같다. 일단 제대로 이해시켜서 보험에 대한 생각을 긍정적으로 바꾸면 오히려 적극적으로 변한다. 사람들은 모르거나 해보지 않은 것을 두려워한다. 그런데 제대로 알고 나면 달라진다. 어쩌면 부정적인 사람들은 자신을 설득해 달라고 애원하고 있는지도 모른다.

가망고객의 지인 중에 보험 세일즈맨이 있다고 말하면 보험에 대해 긍정적인 이야기를 많이 들었기 때문에 오히려 가망고객이 될 가능성이 높다. 반대로 내 지인들 중에서도 다른 세일즈맨의 고객이 될 수 있으니 지속적으로 관심을 갖고 주의를 기울여야 한다.

한가한 사람은 만나봐야 별 도움이 되지 않는다. 한가한 만큼 경제적으로도 힘들고 열정도 식어 있다. 열정적으로 사는 사람들은 바쁘다 보니 돈을 벌어도 관리할 시간이 없다. 진심을 담아서 고객이 중요하게 생각하는 것을 일깨워주면 큰 금액을 쉽게 계약한다. 단지 일에 대한 관심을 보험에 대한 관심으로 살짝 돌려놓으면 된다. 그들은 본인처럼 열정적으로 사는 사람과 인생을 함께 가고 싶어 한다. 종신보험 세일즈는 1%의 가능성에 도전하는 일이다. 부정적이든 긍정적이든 1% 이상의 가능성은 항상 존재한다.

● **가망고객 발굴 실제 사례**

지속적인 프로스펙팅을 위해서는 관심-공감-연결-확산의 시스템을 만들어야 한다. 진심 어린 마음으로 다가가서 고객에게 관심을 갖고 서로 공감하면 고객은 그 사람과 연결되기를 원한다. 연결은 연결을 낳아 확산된다. 미국의 자동차 판매왕 조지라드는 장례식장에서 '1 대 250의 법칙'을 찾았다. 한 사람의 장례식에는 평균 250명의 조문객이 온다. 즉 한 사람은 250명의 타인과 연결된다. 이는 한 명의 고객을 제대로 만족시키면 250명의 가망고객과 연결될 수 있다는 뜻이다. 가장 확실하고 쉽게 만날 수 있는 가망고객은 기존고객이다. 기존고객의 보험금을 증액하는 것은 다른 가망고객을 발굴해서 계약을 하는 것보다 훨씬 쉽다.

그래서 내 고객 중에는 다수의 계약을 가진 분들이 많다.

보험 세일즈맨은 보이지 않는 상품을 판매하기 때문에 소개에 의한 가망고객 발굴이 가장 중요하다. 전혀 모르는 사람이 고객이 되는 경우는 흔하다. 소개를 몇 단계 거치면 전혀 생각지도 않은 사람이 고객이 된다. 또 하나는 생활 속에서 만나는 사람들을 고객으로 만드는 것이다. 즉 직접적인 가망고객 발굴이다. 프로스펙팅이 절실한 세일즈맨은 만나는 모든 사람을 가망고객으로 생각한다. 그런 사람은 한 사람 뒤에 숨어있는 수백 명의 가망고객을 보고 있어서 결코 어떤 사람도 가볍게 생각하지 않는다. 전혀 모르는 사람들을 대상으로 가망고객 발굴을 할 수 있다면 어떤 상황에서도 안정적으로 세일즈를 할 수 있다.

동대문 시장이나 남대문 시장에서 밤에만 활동하는 세일즈맨들이 있다. 경쟁자는 적지만 낮밤이 바뀌는 생활이라서 생각보다 쉽지 않다. 그런 곳에서 자리매김을 해서 활동하는 세일즈맨들은 하나같이 대단한 사람들이다. 이들처럼 성공하려면 새벽 5시나 6시에도 고객을 만날 각오를 해야 한다. 꼭 오전 9시에서 오후 5시 사이에 고객을 만나야 한다는 법은 없다.

자동차회사에 근무하는 고객인데, 해외파견을 나갔다가 귀국해서 만나려고 연락을 했다. 너무 바빠서 통화 자체도 힘들었다. 어느 날 잠깐 통화를 했는데 각종 회의와 갑작스러운 스케줄들로 인해 약속을 잡을 수 없다고 했다. 그래서 나는 새벽에 만나자고 제안을 했다.

**세일즈맨:** 고객님 바쁘시죠? 저는 고객님같이 바쁘신 분들은 주로 새벽에 만납니다. 수요일 새벽 5시는 어떠십니까?
**고객:** 그때도 사람을 만나요?
**세일즈맨:** 바쁜 분들이 통제할 수 있는 시간은 새벽밖에 없더라고요.
**고객:** 5시는 출근 전이니까 6시 반쯤 봅시다.

결국 이른 시간에 만나서 상담을 하고 추가계약을 하였다.

가망고객을 발굴하려면 나이에 대한 고정관념을 버려야 한다. 나는 70세, 80세의 가망고객에게도 종신보험에 대해 이야기한다. 그분들은 나이가 많다는 이유로 사회에서 소외당해 외로움을 느끼는 경우가 많다. 그럴수록 존중하면서 말벗이 되어 드리면 그 보답으로 가족이나 주변 사람들을 소개해준다. 본인은 가입을 못 하더라도 손자가 고객이 되기도 한다.

당뇨로 투병 중인 환자에게 종신보험을 이야기해서 가족과 다른 지인을 소개받았다. 요즘은 치료나 예방 차원에서 약을 먹는 것이 보편화되어 약을 먹는 사람들이 오히려 오래 사는 경우가 많아져서 약을 믹는데도 관리가 잘되고 있으면 보험에 가입할 수 있다.

나는 가망고객을 만나면 화장실에서 사용하는 뚫어뻥 모형을 보여준다. 고객은 호기심 가득한 눈으로 쳐다보면서 왜 그런 걸 갖고 다니냐고 묻는다. 그때 나는 뚫어뻥으로 종신보험을 설명한다. 그러고 나서 기념품처럼 생긴 작은 뚫어뻥 모형을 선물로 주는데, 가망고객은 종신보험의 필요성에 대해 자연스럽게 공감한다. 자신의 보험계약은 물론이고 주변 사람을 소개해 주기도 한다. 이런 식으로 관심-공감-연결-확산의 시스템을 만들어야 한다.

가망고객 발굴을 하면서 계약 가능성을 염두에 두고 가망고객을 찾으면 범위가 지나치게 좁아진다. 우선은 계약 가능성과 상관없이 떠오르는 사람을 모두 리스트업한다. 소개를 요청할 때도 먼저 초등학교 동창, 등산모임, 휴대폰 전화번호부, 금방 상할 수 있는 음식을 나눠 먹고 싶은 사람, 외국에서 여권 분실 시 연락 가능한 사람 등과 같이 전체 잠재고객(suspect) 리스트에서 소개대상자를 떠올릴 수 있도록 한다. 그 후 범위를 좁혀서 가망고객(prospect)을 찾는 것이 가장 효과적이다.

가망 없는 가망고객은 없다!
모든 세일즈맨들이 좋아하는 가망고객만을 발굴하는 것은 가망이 없는 방법이다!!

**Prospecting(가망고객발굴)**

 관심 …… 내 이야기에 대한 호기심

 공감 …… 내용에 동의

 연결 …… 보험으로 연결

 확산 …… 내 이야기를 전파

## 2. 전화접근(Telephone Approach)

● TA의 의미와 방법

한 소년이 휼렛패커드의 대표인 빌 휼렛에게 전화를 걸었다.

"안녕하세요. 저는 12세 학생입니다. 주파수 계수기를 만들고 싶어서 연락드렸는데, 혹시 저에게 남는 부품을 좀 주실 수 있으신가요?"

빌 휼렛은 웃으면서 그 소년이 원하는 부품을 주었고, 그해 여름방학에는 소년이 휼렛패커드에서 주파수 계수기 만드는 일을 할 수 있도록 도와주었다. 소년은 그곳에서 꿈같은 여름방학을 보냈다. 이 소년이 바로 훗날 애플을 창업한 스티브 잡스다.

대부분의 사람들은 도움이 필요한 상황에서도 전화를 하지 않는다. 일을 성취하는 사람과 단지 꿈만 꾸는 사람의 차이가 여기에 있다. 실패를 두려워하면 멀리 나아가지 못한다.

가망고객을 만나기 위해서는 사전에 약속하지 않고 직접 찾아가거나, 미리 DM을 보내거나, 전화를 해서 약속을 잡아야 한다. 그중 가장 효과적인 방법은 전화로 약속을 잡는 것이다. 전화를 많이 했는데 실패한 세일즈맨을 본 적이 없지만 유감스럽게도 소수의 세일즈맨만이 전화 약속을 즐긴다. 세일즈를 오래 한 사람들도 전화 접근을 부담스러워한다. 하지만 성공한 세일즈맨들은 규칙적으로 전화하는 것을 매우 중요한 일로 생각한다. 나도 평상시에 전화로 가망고객 발굴을 많이 한다. 어떤 경우라도 하루에 10통 이상 전화 통화를 목표로 세웠다.

전화 접근의 목적은 면담 약속을 잡는 것이다. 본래의 목적에만 충실하면 되는데 한 번에 많은 것을 욕심내니까 힘들어진다. 가망고객이 어떤 질문을 해도 그 답은 만나서 주겠다고 해야 한다. 전화로 답을 주고 나면 면담 기회가 사라진다. 무조건 직접 만나서 마주 보며 눈을 맞추고 대화를 해야 계약의 가능성이 높아진다. 모든 계약은 만남에서 비롯된다. 만남으로 이어지지 못하는 전화 접근은 실패한 것이다.

세일즈는 전화에서 시작된다. 전화를 할 때는 철저하게 계획을 세워서 해야 한다. 1주일에 전화를 50통 하겠다는 목표를 세웠으면 전화할 대상자를 그 3배인 최소 150명 이상 확보해야 한다. 명단이 확보되면 이동 중이나 자투리 시간에 전화할 수 있다. 또한 전화를 하면 전화 통화 숫자를 기록해 보라. 기록하지 않으면 전화를 별로 하지 않았으면서도 많이 했다고 착각한다.

● TA 실제 사례

회사 대표로 있는 가망고객을 만나고 싶었다. 그런데 너무 바빠서 도저히 만날 수 없었다. 그래서 나는 전화를 걸어 이렇게 말했다.

"사장님, 저는 바쁜 사람만 만납니다. 사장님처럼 책임감 있고 유능하신 분이 한가할 때는 병원에 누워있거나 실직 상태겠죠. 그때는 이미 보험 가입이 안 되기 때문에 제가 만날 이유가 없습니다. 저는 사장님이 바쁘기 때문에 잊고 지내시는 중요한 문제에 대해 말씀드리려고 합니다."

상대방은 잠시 말이 없더니 무슨 이야긴지 들어나 보자고 해서 약속을 잡았다. 바쁘지 않은 사람을 만나려는 세일즈맨은 실적을 올릴 수 없다. 상대가 바쁘다고 하면 더 적극적으로 접근해야 한다. 고객이 한가할 때 만나려고 하면 고객을 만나기 전에 자신이 먼저 세일즈를 그만둘 확률이 높다.

전화를 걸었을 때 상대방은 당연히 면담을 거절할 것이라고 생각해야 한다. 거절할 때 순순히 물러나면 안 된다. 아래와 같은 전화 거절처리를 잘 활용하자.

"관심 없습니다."
☞ 우리의 서비스에 대해서 공정한 판단을 하실 수 있도록 10분 정도만 시간을 내주셨으면 합니다.

"너무 바쁩니다."

☞ 무척 바쁜 분이라는 것은 잘 알고 있습니다. 그래서 먼저 방문하지 않고 면담 약속을 위해 전화를 드린 것입니다.

"내 친구가 보험영업을 합니다."

☞ 제가 면담하기 전에 상품을 권하셨던 분이 있었다고 하니 오히려 다행입니다. 그러나 제가 말씀드리려는 것은 지금까지 들어보셨던 그런 상품이나 서비스와는 다릅니다.

"자료를 메일로 보내주세요."

☞ 물론 안내 정보는 보내드릴 수 있습니다. 그러나 저희가 하는 모든 일은 개개인의 고객에게 맞도록 계획되어 있습니다. 그래서 먼저 만나 뵙기를 청하는 것입니다. 만나보시면 왜 만나야 했는지를 아실 수 있을 겁니다.

"여유가 없습니다."

☞ 불필요한 지출을 막아야 한다는 것은 이해합니다. 그러나 저의 서비스가 가치가 있는 것인가를 고려하는 동안 아무런 부담도 갖지 마십시오. 적어도 지식을 얻게 되고 상황이 바뀌었을 때 도움을 줄 수 있습니다. 제가 하는 일은 여유를 빼앗는 일이 아니라 어떤 상황에서도 여유를 만들어 드리는 일입니다. 그건 만나 보시면 아실 수 있습니다.

"보험 이야기인가요?"

☞ 그런 질문을 하시는 것으로 보아, 벌써 보험에 가입하신 것 같습니다. 좋습니다. 10분간의 면담이 엄청난 가치가 될 것이라고 확신합니다.

"무엇에 관한 것입니까?"

☞ 이것이 바로 제가 전화를 드린 이유입니다. 만나서 이것에 대해 이야기했으면 합니다.

주의할 점은 전화상으로 핵심을 말해서는 안 된다는 것이다. 고객의 궁금증을 유발해야 전화 접근을 한 목적인 면담 약속을 잡을 수 있다. 다음은 오래전 종신보험에 가입했던 고객에게 면담 약속을 잡기 위해 통화했던 실제 스크립트이다.

"종신보험에 잘 가입했다고 생각하시나요?"
"죽어야만 받는 것을 계속 유지해야 하나 고민하시는 분들이 있는데 혹시 그런 생각을 안 해보셨나요?"
"그런 분들이 관심을 갖는, 진짜 도움이 되는 좋은 정보가 있습니다."
"이것 때문에 요즘 제가 정말 바쁘지만, 고객님께도 알려드리는 것이 좋겠다는 생각이 들어서 전화 드렸습니다."
"모두 좋은 정보라고 하니 내용을 파악한다는 차원에서 꼭 한번 들어보시면 좋겠습니다."

"다음 주 화요일이나 수요일 오후 언제가 괜찮으신가요?"

전화 통화를 하면서도 약속을 잡지 못하는 이유 중의 하나는 빨리 만나겠다는 욕심 때문이다. 좋은 성과를 내려면 바쁜 사람 위주로 만나야 한다. 그런데 바쁜 사람을 1주 또는 2주 후에 만나려고 하니까 약속을 잡을 수 없다. 나는 이렇게 통화한다.

**세일즈맨:** 고객님 무척 바쁘시죠?

**고객:** 요즘 정신없이 바빠요. 편하게 밥 먹을 시간도 없어요.

**세일즈맨:** 그러시군요. 저도 바쁜데 저보다 더 바쁘시네요. 꼭 드리고 싶은 중요한 정보가 있는데 다음 달 셋째 주 수요일 또는 3개월 후 첫째 주 수요일 잠깐 뵙는 것은 어떠신가요?

**고객:** 글쎄요. 그때 스케줄이 정해지지 않았는데 어떨지 모르겠네요.

**세일즈맨:** 한 주 전에 미리 확인 전화 드리니까 중요한 일 생기면 미루셔도 됩니다. 일단 정하고 생각하시죠.

**고객:** 다음 달에 만나는 것으로 하죠.

다음은 전화 접근할 때 고객들이 호기심을 가질 만한 내용들이다.

- 지금 가지고 있는 것에 관한 획기적이고 유용한 정보입니다.
- 정말 중요한 정보를 듣지 못하면 나중에 크게 후회할 수 있습니다.

- 몸값만큼의 부채를 갖고 있다는 것을 알고 있나요?

- 선취자산이라는 말 들어봤나요?

- 자산의 큰 Trend가 바뀌고 있습니다.

- 가족에 관한 이야기입니다.

- 필요할 때 필요한 만큼 돈을 주는 투자 정보입니다.

- 선진국 사람들은 필수로, 후진국 사람들은 선택으로 생각하는 상품입니다.

- 혼수목록을 마련하는 것입니다.

- 재산, 지위, 인격 외에 또 다른 고객님의 가치가 평가되는 방법입니다.

- 현금성 다목적 의료비 보장자산에 관한 이야기입니다.

- 유사시 가장 확실한 소득 대체 Plan입니다.


전화할 때는 궁금증을 유발하면서 듣지 않으면 손해를 볼 것 같다는 느낌을 전달해야 한다. 어떤 관심을 불러일으키든 약속만 잡으면 된다. 혹시 고객이 추가질문을 하면

"그 내용은 만나서 말씀드리겠습니다. 다음 주 화요일이나 수요일 오전 중 언제가 좋으세요?" 라고 대답한다.


보험세일즈를 요약하면 전화해서 약속 잡고 만나는 것이다. 그 출발점이 전화다. 세일즈 업무는 전화하는 것에 80% 이상 투자하고 집중해

야 한다. 그런데 TA를 시작해서 얼마 되지 않아 한계에 부딪힌다. 전화할 곳이 없다는 생각이 드는 시점에서 어떤 마음을 갖느냐에 따라 승패가 좌우된다.

'전화할 곳이 없어서 못 하겠다.'가 아니라 '전화를 하려면 어떻게 해야 하지? 먼저 전화할 대상을 확보해야겠네.'라는 적극적인 태도를 갖고 노력하면 성공이 보장된다.

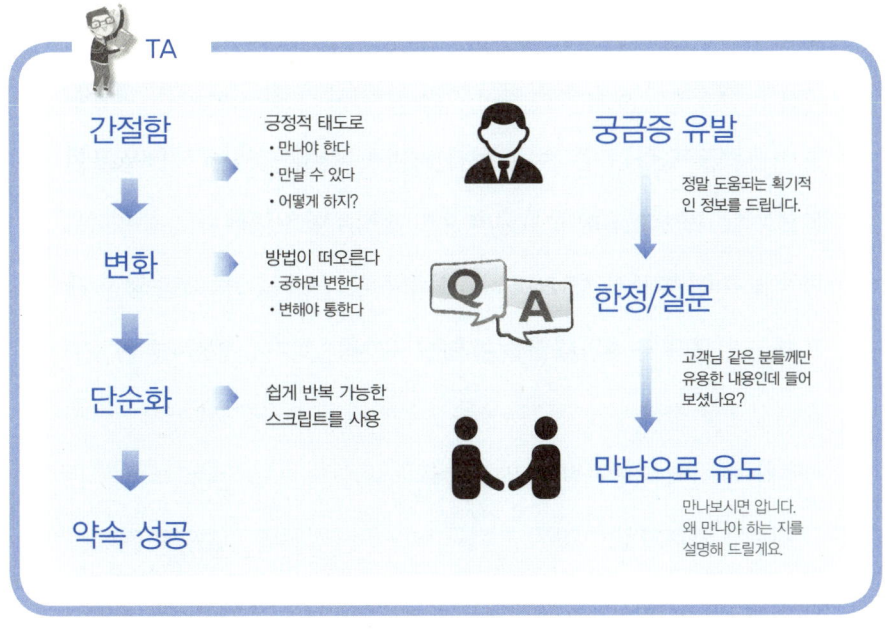

## 3. 초회면담(Approach)

● 초회면담(AP)의 의미와 방법

은행 인사부에서 구조조정 시기에 3년을 근무하고 잠깐 지점근무를 나갔는데, 다시 본점으로 불려 들어와서 했던 일이 혁신업무였다. 혁신업무란 결국 구조조정을 말한다. 혁신의 대상이 되는 직원들이 나를 도와주었는데, 내가 그들을 쫓아내야 하니 여간 괴로운 일이 아니었다. 그들도 가정에서는 소중한 엄마, 아빠인데, 내가 엄마, 아빠의 역할을 못 하게 하고 있다는 생각이 들었다. 때마침 후배가 찾아와서 생명보험을 소개해 주었다. 후배의 말에 따르면 생명보험은 아빠가 가장으로서의 역할을 하지 못할 때 그것을 대신해준다고 했다. 그렇다면 당시 내가 하고 있는 일과 정반대의 일이 아닌가? 나는 호기심이 생겼다.

"어떻게 아빠 역할을 대신해주는데?"
"선배님 자녀가 몇이죠?"
"열 살, 여섯 살짜리 둘이지."

"교육시키고 결혼시키는데 자녀 한 명당 얼마 정도 비용이 들 것 같나요?"

"한 명당 최소 1억 원씩은 들겠지."

"보장금액 3억 원의 종신보험에 가입한 후에 선배님이 사망하시면 원인이나 이유에 관계없이 무조건 3억 원이 나옵니다. 1억 원은 아이들 대학 갈 때까지 9년, 13년 동안 은행에 저축해두면 물가상승분만큼 이자가 붙습니다. 그 자금으로 대학을 갑니다. 결혼자금도 마찬가지로 20년, 24년 후에 결혼자금을 해결해 주니까 보험금이 아빠 역할을 하는 겁니다. 나머지 1억 원은 그동안의 생활비로 사용하면 되고요. 선배님에게 아무 일이 생기지 않으면 돈을 벌어서 더 살해수면 되고, 만약 문제가 발생해도 생명보험이 선배님의 역할을 대신해줄 수 있습니다."

그때 그 후배와의 만남이 내 인생을 바꿔 놓았다. 생명보험을 몰랐던 나에겐 충격이었다. 보험세일즈에 가치를 느낀 또 다른 이유가 있었다. 은행에서는 고객과 좋은 관계를 맺어도 지점을 이동하면 그 고객과의 관계는 끝난다. 이에 반해 보험세일즈는 한번 고객으로 맺어지면 세일즈를 그만두지 않는 한 평생 좋은 관계를 유지할 수 있다.

초회면담의 목적은 니즈환기를 통해 보장의 필요성을 인식시키고 재정안정계획에 호기심을 갖게 하는 것이다. 면담은 한 편의 연극이다. 세일즈맨은 좋은 연기를 통해 고객을 만족시키고 감동을 주어야 한다.

AP는 보험이야기를 해도 되냐고 허락받는 단계이다. 이 목적을 달성하기 위해서는 가망고객의 관심을 유도하면서 면담 거절을 극복해야 한다. 보험이야기를 들을 준비가 되어 있고 필요성을 인식해야 가망고객에게 맞는 보장을 설계하기 위한 자료를 수집할 수 있다. AP를 성공적으로 진행하느냐 그렇지 못하느냐에 따라 계약의 성패가 좌우된다. 유능한 세일즈맨은 이 단계에서 계약의 성사여부를 결정짓는다.

이때는 특히 고객의 니즈를 불러일으키는 것이 중요하다. 고객의 니즈는 살면서 중요하지만 잊고 있는 가족 구성원으로서의 가족에 대한 사랑과 책임이다. 니즈환기를 통해 보험에 관심을 갖도록 해야 다음 단계로 진행할 수 있다. 여기서 니즈환기는 가망고객이 본인의 문제점을 인식하고 그 문제를 해결하는 방법으로 종신보험이 필요하다는 생각을 갖도록 하는 것이다. 니즈환기를 제대로 하면 가망고객은 "그럼 제가 어떻게 하면 되죠?"라고 질문을 한다.

초회면담에서 니즈환기를 하거나 종신보험을 설명할 때는 고객의 관심사에 연관시켜서 설명해야 한다. 고객의 관심분야를 떠나는 순간 AP의 성공확률은 떨어진다. 부모, 투자, 여행, 아파트 등 고객이 관심을 갖고 있는 분야를 파악한 후 그것을 종신보험과 연결시켜서 이야기한다. 그러면 고객은 마치 자신의 이야기를 하고 있는 것처럼 느껴서 쉽게 받아들인다. 부동산에 관심이 많은 고객에게는 종신보험이 부동산과 같은 자산가치가 있으면서 그보다 유리한 점이 많다고 설명한다. 자녀교육에 관심이 많은 고객이라면 종신보험이 자녀들의 꿈을 지켜주는 데 있어서 교육 이상으로 중요한 역할을 한다고 강조한다. 가망고객이 전산파트에서 프로그램을 개발하는 사람이라고 가정하자. 그러면 이렇게 흥미를 끌 수 있다.

"과장님이 1년 정도를 투자해서 엄청난 프로그램을 개발했는데, 갑자기 사고가 나서 모든 자료가 사라져버렸다면 어떻게 하시겠습니까?"

"우리는 백업을 해놓습니다."

"그렇군요. 종신보험은 갑자기 문제가 생길 수 있는 과장님의 삶을 백업해 놓는 안전장치입니다."

● **AP 실제 사례**

**고객:** 요즘 어떠세요?

**세일즈맨:** 열심히 하면 잘되고, 놀면 안 되는 건 늘 똑같습니다. 사장님은 어떠신가요?

**고객:** 쉽다고 생각한 적은 없지만 상황이 점점 더 힘들어지네요. 돈 들어갈 곳은 많은데 걱정입니다.

**세일즈맨:** 건강은 어떠세요?

**고객:** 아직까지는 건강하지만 예전 같지 않아요. 주위에 가끔 아픈

친구들이 생기네요.

**세일즈맨**: 몸이 재산인데 건강하셔야죠. 지난번 잠깐 말씀드렸던 재정안정계획에 대해 말씀 드리고 싶은데 괜찮으세요?

**고객**: 여유가 있어야 뭘 준비할 수 있을 텐데….

**세일즈맨**: 오늘은 어떤 결정을 하시라는 것이 아니라 그냥 정보를 편하게 들으시면 됩니다. 제가 10명을 만나면 그중에서 1~2명만 선택합니다. 단순한 문제가 아니라서 쉽게 결정하실 수 없다는 점도 잘 알고 있습니다. 어떤 분은 만나고 10년 후에 고객이 된 분도 있어요. 그러니 부담 갖지 마시고 마음 편하게 들어보세요.

**고객**: 그렇다면 한번 들어볼까요?

**세일즈맨**: 평소에 자녀들 생각을 많이 하시죠?

**고객**: 많이 하죠. 앞으로 더 힘들어질 텐데 어떻게 살아갈까 걱정됩니다.

**세일즈맨**: 오늘 말씀드릴 내용은 사장님의 이야기인데 사실은 자녀들과 밀접하게 관련되어 있습니다. 혹시 평소에 '넌 공부만 열심히 해라. 어떤 일이 있어도 아빠가 지켜줄테니까' 라고 말씀하시지 않나요?

**고객**: 직접적으로 그렇게 말하진 않지만 심정은 늘 그렇죠.

**세일즈맨**: 그런데 그 '어떤 일'에 대해 생각해보셨나요? 부모들이 어떤 일이 있어도 지켜준다고 하면서도 정작 '어떤 일'에 대한 대비가 전혀 안 되어 있는 경우도 많습니다. 자녀들에게 도움은 주지는 못할망정 감당할 수 없는 부담을 넘겨주는 일이 발생하곤 합니다. 지금부터 제가

말씀드릴 내용은 어떤 상황에서도 자녀들의 꿈을 지켜주면서 자녀들에게 부담이 넘어가는 것을 막아주는 안전장치에 관한 내용입니다.

**고객:** 들어보면 도움이 되겠군요. 말씀해 보세요.

**세일즈맨:** 혹시 워런 버핏과 점심식사를 하는 비용이 얼마인지 아십니까? 최고 40억 원까지 올라갔다가 요즘은 많이 떨어졌지만 아직도 몇 십억 원을 호가한다고 합니다.

저는 고객님을 만나 뵈러 올 때 30분이든 1시간이든 고객님의 시간을 산다는 생각으로 옵니다. 저하고 보낸 시간이 의미가 없다고 하면 워런 버핏 정도는 아니지만 몇 십만 원을 지불할 각오는 되어 있습니다. 그렇게 해야 사장님의 소중한 시간도 허비하지 않고 저도 발전할 수 있습니다.

이렇게 이야기를 시작하면 대화의 핵심에 바로 접근할 수 있다. 또한 내가 고객의 시간을 소중하게 생각하고 있다는 것을 알려준다. 어느 내과병원장이 진료시간에 방문한 나에게 설명할 시간을 딱 3분을 주겠다고 했다. 중요한 환자 1명의 진료시간이 평균 3분인데, 그보다 중요하지 않은 일에 3분 이상을 쓸 수 없다는 것이었다. 어떤 것을 3분 안에 설명할 수 없으면 진정으로 안다고 할 수 없다. 한 줄 또는 한 단어로도 핵심을 찌를 수 있어야 한다. 그렇게 핵심을 담은 설명을 가슴으로 받아들인 사람은 다시 만나서 고객이 될 가능성이 높다.

눈에 보이지 않는 종신보험을 판매할 때 눈에 보이는 도구를 활용하면 아주 효과적이다. 주부들에게는 화장실에서 사용하는 '뚫어뺑'을, 군대를 다녀온 남자들에게는 군대에서 사용하는 '방독면과 화이바(철모)'를 이용하여 설명하면 효과가 좋다.

**세일즈맨:** 군대에서 행군 많이 하셨죠? 행군이 어떠셨나요?

**고객:** 행군을 많이 해서 정말 힘들었죠.

**세일즈맨:** 잘 아시는 내용이지만 옛날을 상기하면서 '방독면과 화이바' 이야기를 들어보세요. 오늘 말씀드리려는 내용과 관련이 있습니다. 기대되시나요?

**고객:** 옛날 생각도 나면서 벌써 긴장되는데요.

**세일즈맨:** 허리에 차는 방독면은 행군 시 걸리적거려서 무척 불편한데, 저녁에 잠잘 때 베개 대용으로 사용하면 아주 좋습니다. 머리에 쓰는 화이바는 무겁기도 하고, 땀이 나면 벗어버리고 싶을 정도로 괴롭습니다. 비가 올 때 행군하다가 휴식을 주면 땅이 젖어서 앉을 수 없습니다. 이때 화이바를 엎어놓고 앉으면 정말 편안합니다. 방독면이나 화이바의 진짜 용도는 뭔가요? 실전에서 독가스가 살포되면 방독면 없이는 몇 분도 못 버팁니다. 마찬가지로 총알이 빗발치는 전장에서는 화이바가 머리를 보호해 줍니다. 제 말이 맞나요?

**고객:** 맞는 말입니다.

**세일즈맨:** 행군 시에 베개와 의자 대신에 '방독면과 화이바'를 활용하는 기능은 종신보험의 살아서 받는 건강특약의 혜택과 같습니다. 그러

나 전시에 독가스와 총알을 피하기 위한 기능은 종신보험의 일반사망보장입니다. 제 비유가 공감되시나요? 건강특약이 중요할까요? 아니면 사망보장이 중요할까요?

**고객:** 말할 것도 없이 사망보장이 먼저죠. 일반사망보장을 제대로 준비해야겠네요.

이 내용은 군대를 다녀오지 않은 여성 세일즈맨이 남자 고객들에게 활용하면 훨씬 효과가 크다. 고객의 중요한 관심사 한 가지에 집중해야 문이 열린다. 허락받지 못한 AP는 닫힌 문 앞에서 대화하는 것이다!

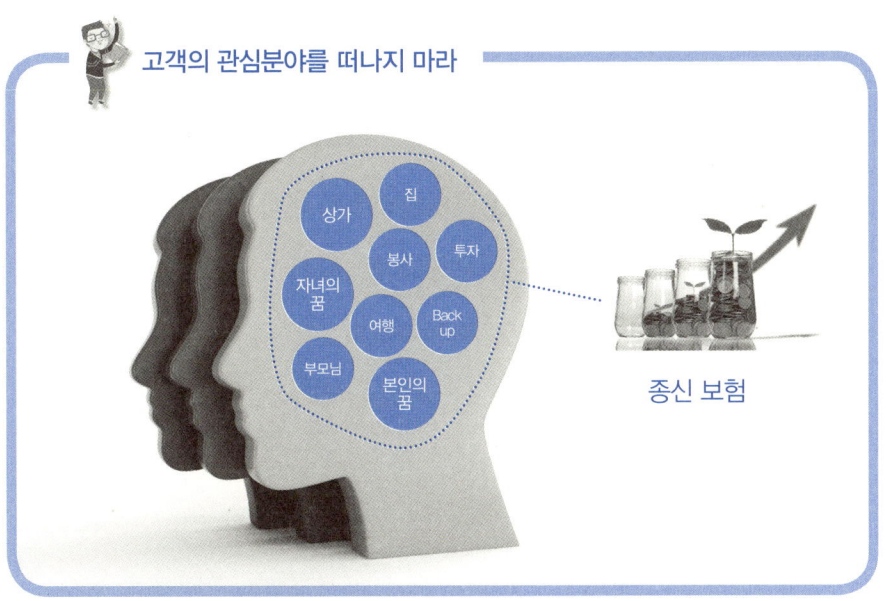

고객의 관심분야를 떠나지 마라

종신 보험

## 4. 사실과 느낌의 발견(Fact & Feeling Finding)

● **사실과 느낌의 발견**

팩트 파인딩은 가망고객의 필요자금과 준비자금을 파악한 후 부족자금을 계산하여 해결할 방법을 찾기 위한 사전 과정이다. 필요자금은 생활비, 자녀 교육자금, 주택 구입자금, 자녀 결혼자금, 노후자금, 기타 목적자금 등으로 구성된다. 이렇게 파악된 필요자금에 고객의 생활수준, 자녀 교육수준, 의료서비스 기대치, 은퇴시기 등 본인의 생각과 기대치를 반영해야 한다. 본인이 건강하게 경제활동을 한다면 부족자금을 순차적으로 준비해서 인생목표들을 이룰 수 있다.

필요자금에서 준비된 자금을 차감하면 부족금액을 알 수 있다. 종신보험의 보장금액을 부족금액만큼 설정하면 본인과 가족을 위한 든든한 안전장치가 된다. 팩트 파인딩의 내용에 따라 각자의 인생계획이 그려지기 때문에 보장안은 사람마다 다르다.

팩트 파인딩 단계에서는 가망고객의 느낌까지 파악해야 한다. 팩트

에만 치우친 계획은 근사한데 실제로 원하는 삶과 괴리가 생긴다. 객관적인 사실보다 더 중요한 것은 미래의 꿈, 가족의 의미, 기대수준 같은 느낌의 발견이다. 팩트 파인딩은 가망고객의 문제점을 해결하는 해결책을 만들기 위한 준비단계이다. 이때 사실 너머의 느낌을 파악하지 못하면 다음 단계로 진행하기 힘들다.

우리가 하는 일은 가망고객의 문제를 파악해서 그것을 해결하는 데 도움을 주는 것이다. 문제를 알아내기 위해서는 현상을 정확히 파악할 필요가 있다. 이것을 '사실과 느낌의 발견'이라고 한다.

예전에는 재무설계, 인생설계로 접근하는 방법이 잘 통했는데 요즘은 그렇지 않다. 고객들이 여러 번 컨설팅을 받아보고 보험상품을 판매하기 위한 미끼였다고 느꼈다. FF를 받을 때에도 좀 더 자연스럽게 고객이 마음의 문을 열도록 해야 한다. 우선은 연령, 직업, 보험가입 상황 등 쉽게 대답할 수 있는 것부터 질문한다. 현재 보험에 가입해 있다면 보장에 대해 어떻게 생각하는지, 어느 정도 만족하는지, 왜 그것을 선택했는지를 물어본다. 그래야 고객의 내면의 느낌을 들여다보면서 적절한 대책을 세울 수 있다.

● **FF 실제 사례**

**세일즈맨:** 블랙, 설탕 한 스푼, 설탕 세 스푼의 커피 중 과장님은 어떤 타입으로 커피를 드시나요?

**고객:** 난 블랙으로 마시는데요.

**세일즈맨:** 분위기를 아시는 분이군요. 블랙은 분위기를, 설탕 한 스푼은 커피 맛을, 설탕이 세 스푼 이상이면 설탕 맛을 아는 사람이랍니다. 오늘 분위기 있는 대화를 할 것 같아서 기쁩니다. 세상에는 세 가지 유형의 부자가 있다고 하는데 들어 보셨나요?

**고객:** 글쎄요.

**세일즈맨:** 첫 번째 부자는 부모로부터 유산을 물려받은 부자, 두 번째는 부부가 맞벌이를 하는 부자, 세 번째는 안 쓰는 부자를 말합니다. 과장님은 셋 중에 어디에 해당되시나요?

**고객:** 첫 번째는 해당 사항 없고 두 번째와 세 번째는 해당되네요.

**세일즈맨:** 세 가지 중 어느 부자가 가장 강력한 부자인지 아세요?

**고객:** 안 쓰는 부자인가요?

**세일즈맨:** 맞습니다. 그런데 제가 만나는 사람 중에는 물려받은 것도 없이 혼자 벌면서 막 쓰는 경우가 있습니다. 그런 경우 답이 안 나옵니다.

위의 대화는 자연스럽게 상속받은 자산이 있는지, 맞벌이 여부, 씀씀이 형태를 파악할 수 있는 팩트 파인딩의 실제 사례이다.

다음은 자신의 가치를 이용한 FF의 실제 사례이다.

**세일즈맨:** 지난번에 사장님과 자녀들에 대해서 이야기를 나눴는데 어떠셨나요?

**고객:** 자식들에게 지키지 못할 이야기를 많이 했어요. 준비를 해야겠다는 생각은 하는데 돈이 문제죠.

**세일즈맨:** 그럼 오늘은 사장님의 준비자금과 앞으로의 생활비, 주택자금, 교육자금, 노후자금 등을 알아보죠. 오늘은 사장님의 재정안정계획을 만들기 위한 현재의 재정상태와 앞으로의 계획을 이야기해보는 시간입니다. 혹시 사장님은 몸값만큼의 부채를 갖고 있다는 점을 알고 계신가요?

**고객:** 난 은행에 1억 원 대출밖에 없는데 그게 무슨 소리죠?

이런 식으로 관심을 불러일으킨 다음 고객의 총 예상수입과 인생계획을 들어보면 된다. 몸값만큼의 부채가 어떤 식으로 배분되어 있는지를 알면 교육비, 생활비, 결혼자금, 노후자금 등과 같은 이벤트 자금에 대한 기본적인 수준을 알 수가 있다. 현재 연봉이 5천만 원인 사람이 30년 동안 일을 한다고 가정하면 그 사람의 예상수입은 15억 원이다. 보통 본인의 예상수입 수준을 고려해서 생활하고, 교육비, 주택, 노후자금도 같은 기준으로 계획한다. 그러다 보니 예상 기대치를 반영한 총 소요자금을 합산하면 벌어들일 수입, 즉 자신의 몸값과 거의 일치한다.

다음은 FF를 성공적으로 유도했던 사례이다.

**세일즈맨**: 몇 년 전 국보 1호 숭례문에 화재가 났었는데 기억나시죠?

**고객**: 당연히 기억하죠.

**세일즈맨**: 숭례문의 재산가치는 얼마나 될까요?

**고객**: 글쎄요. 돈으로 환산할 수는 없지만, 최소 몇 천억 원 정도는 되지 않을까요?

**세일즈맨**: 만약 과장님이 관리 담당자로서 숭례문을 화재보험에 가입할 때 얼마 정도의 보장금액에 가입할 것 같으세요?

**고객**: 최소 500억 원 이상은 가입할 것 같아요.

**세일즈맨**: 그러시죠! 그런데 실제로 숭례문 화재보험의 보장금액이 얼마 정도였을까요? 놀라지 마세요! 9,500만 원짜리에 가입했고, 연간 8만 원 정도의 보험료를 냈다고 합니다. 복원비용만 수백억 원이 들었는데요. 어떤 생각이 드시나요?

**고객**: 아무 기준도 없고, 대책도 없었다는 느낌이네요.

**세일즈맨**: 그렇다면 과장님! 과장님 댁에서 국보 1호가 뭔가요?

**고객**: 당연히 아이들이죠!

**세일즈맨**: 그렇다면 가족들은 경제적인 측면에서 국보 1호가 뭘까요?

**고객**: 글쎄요!

**세일즈맨**: 과장님에게 자녀들이 소중하듯, 사랑하는 아내나 자녀들 입장에서 보면 가정 경제를 이끌어가는 가장인 과장님이 아닐까요?

고객: 그렇게 생각하겠죠.

세일즈맨: 그런 과장님께 문제가 생겼을 때 과장님 가족들을 위해서는 얼마의 보장을 준비해야 적당하다고 생각하세요?

고객: 글쎄요.

세일즈맨: 제가 정답을 알고 있는데 궁금하지 않으신가요?

고객: 궁금한데 얼마예요?

세일즈맨: 답이 그렇게 쉽게 나올 수는 없습니다. 제가 과장님에게 묻는 것에 대해서 몇 가지만 대답해 주시면 정답을 선물로 드리겠습니다.

다음은 사실을 넘어 느낌을 파악한 사례이다.

세일즈맨: 과장님의 꿈은 무엇인가요?

고객: 동화를 쓰는 거요.

세일즈맨: 과장님의 인생에서 꿈은 어떤 의미인가요?

고객: 삶의 활력소이고 존재 이유죠.

세일즈맨: 그 꿈을 향해 가고 계신가요?

고객: 아버지가 장기간 투병생활을 하다 돌아가셔서 꿈을 접었죠.

세일즈맨: 그래서 자녀들의 꿈에 관심이 많고 그 꿈을 지켜주고 싶으시군요.

고객: 꿈이 없는 삶은 의미가 없다고 봅니다.

세일즈맨: 그럼 과장님과 가족분들의 꿈을 이루기 위한 인생이라는 여행을 떠나 보겠습니다. 먼저 과장님께 몇 가지 여쭤보겠습니다. 은행에 있다는 3천만 원은 어떤 돈인가요?

고객: 5년 동안 힘들게 모은 돈이죠.

세일즈맨: 그렇게 힘들게 모으신 특별한 이유가 있으신가요?

고객: 제가 학교 다닐 때 많이 아팠어요. 그때 엄마의 지극정성 덕분에 이렇게 건강해졌죠.

세일즈맨: 엄마를 위해서 준비하신 거군요.

고객: 엄마를 위해서 무엇인가 하고 싶어서 엄마 병원비나 노후생활비로 준비한 거예요.

제 돈이 아니죠.

세일즈맨: 효심이 대단하시네요.

위 사례에서 팩트는 '은행에 있는 3천만 원'이지만, 느낌은 '엄마에 대한 사랑'이다. 따라서 제안서를 작성할 때는 첫째, 자녀의 꿈을 지켜주는 것에, 둘째, 본인이 아프거나 사망하더라도 엄마에게 부담이 넘어가는 것을 막아주는 것에 초점을 두어야 한다. 느낌이 빠진 사실만으로는 의미 있는 제안서를 만들 수 없다.

훌륭한 건축가는 어떤 집을 짓고 싶은지 묻지 않는다. 어떤 삶을 살고 싶은지 묻는다. 종신보험 세일즈도 마찬가지다. 얼마의 보장을 원하는지 묻지 말고 어떤 삶을 살고 싶은지 물어야 한다. 삶이 녹아있는 팩트를 파악하라!

# 5. 판매권유 및 종결(Presentation & Closing)

● 판매권유 및 종결의 의미와 방법

판매권유(Presentation)는 가망고객에게 자신의 문제점을 인식시키고, 그 문제를 해결하고 싶은 욕망을 불러일으켜서 자연스럽게 해결책을 선택하도록 유도하는 것이다. 판매권유를 할 때는 우선 가망고객이 처한 상황을 근거로 제안서가 작성되었음을 이해시켜야 한다. 효과적인 판매권유를 위해서는 일반적인 문제로 시작해서 가망고객 개인의 문제로 연결시키는 것이 좋다. 그리고 가장 이상적인 해결책으로 종신보험을 제시하고 동기를 부여하여 판매를 종결하면 된다. 이때 종신보험에 가입해야 하는 이유를 설명하고 고객의 행동을 유발하도록 감정을 자극해야 한다.

종결(Closing)은 가망고객의 추가적인 거절을 처리하고 '보장이 어느 정도 필요하다'를 '보장은 반드시 필요하다'로 바꾸어주는 단계이다. 전 단계가 고객의 니즈대로 설계되었다면 클로징은 무리 없다. 고객이 마지막 단계에서 결정을 못 내릴 때는 진행해온 단계를 거슬러서 검토해 본다. 이때 세일즈맨은 질문을 통해 고객의 숨겨진 생각까지 파악해야 한다. 예를 들면 부모님이 부유할 경우 고객은 부모님의 도움 수준도 준비자산으로 생각하고 있지만 먼저 말을 꺼내지는 않는다.

종신보험은 다른 상품과 달리 가입자가 관리할 수 없는 상황에서 필요하기 때문에 문제가 있어서는 안 된다. 그리고 과정에 충실해야 여유 있는 클로징이 가능하다. 과정이 부실하면서 클로징만 집중하면 결론을 내지 못하거나 결론이 나더라도 서로 상처만 남긴다. 불안 요인이 발생하면 그 자리에서 모든 것을 해결해야 한다. 해결이 안 된 문제를 고객이 다른 사람에게 문의하면 대부분 부정적인 조언을 접하게 된다. 특히 종신보험을 제대로 알지 못하는 사람이 종신보험을 긍정적으로 보는 경우는 거의 없다.

이때 반드시 오늘 계약을 해야 된다는 생각을 가져서는 안 되고 불필요한 자료 또한 가져가지 말아야 한다. 사소한 것이 클로징을 힘들게 만든다. 고객 스스로 결정하는 과정에서 세일즈맨은 충실하게 도와주기만 하면 된다. 가장 좋은 것은 고객이 앞장서 가도록 도와주면서 세일즈맨이 따라가는 것이다. 인생도 종신보험 판매도 앞의 장애물보다 옆의 샛길 때문에 어려워지는 경우가 많다.

고객의 눈높이도 중요하다. 팩트 파인딩 단계에서 현재의 사실 위주로 파악하게 되면 고객의 과거 생활수준과 미래의 예상치가 잘 반영되지 않는다.

세일즈맨은 자신의 눈높이를 버려야 고객의 눈높이가 제대로 보인다. 성과를 빨리 내려고 서두르다 보면 턱없이 낮은 수준의 보장안을 제시한다. 그러면 계약이 성사되기 어렵고 성사되더라도 세일즈맨의 기대수준이 낮아져서 고객과의 관계가 정상적으로 발전되기 힘들다. 고객이 5억 원 아파트를 눈높이로 갖고 있는데, 요즘 생활이 어려워진 경우라면 5억 원짜리 전세를 권해야 한다. 이때 2억 원대 다세대주택 구입을 권하면 시간만 낭비하게 된다. 32평 아파트에 살던 사람이 경제적으로 어려워졌다고 바로 18평으로 이사하지는 않는다. 짐을 줄이기도 힘들고 생활환경이 갑자기 낮아지면 우울해진다. 자가였다면 비슷한 평수의 아파트 전세나 월세로 이사를 하는 것이 더 현실적이다. 고객의 재정 상황에 맞게 안전장치를 해야 하듯 판매권유도 고객 눈높이에 맞춰서 진행해야 한다. 판매권유가 제대로 되지 못하면 거절처리라는 단계를 한 번 더 거쳐야 한다.

팩트 파인딩에서 고객의 필요자금과 준비자금의 차액을 파악했으면 다음 단계는 그것을 보장할 수 있는 계획을 수립하는 일이다. 대표적인 부족자금은 생활비, 주택자금, 교육자금, 노후자금 등이다. 노후자금은 본인이 사망하더라도 배우자의 노후까지 고려해야 한다.

일반사망보장을 종신보험 주계약으로 준비하면 보험료가 비싸긴 하지만 평생 보장받을 수 있다. 뿐만 아니라 자산처럼 활용할 수도 있고 납입하는 보험료는 환급금으로 쌓인다. 정기성특약으로 보장을 준비하면 적은 비용으로 큰 보장을 준비할 수 있어서 보장의 원래 의미에 맞는다. 그러나 정기보험은 보장 기간이 끝날 때 절벽으로 떨어지는 절망감을 느끼기 때문에 가입은 쉬운데 유지가 잘 안 된다.

고객의 경제적 상황에 따라 주계약과 정기성특약을 적절하게 배분하는 것이 중요하다. 보험 세일즈맨은 보험료에 중점을 두어서는 안 된다. 보장금액에 중점을 두고, 보험료를 양보해도 보장금액을 양보해서는 안 된다. 자녀가 3명인데 혼자 버는 경우 종신 1억 원을 수계약으로 설계하기보다는 정기성특약을 넣고, 납입기간을 길게 해서 3억 원, 5억 원의 플랜을 제시하는 것이 좋다. 경험상 보장금액이 커서 문제가 되는 경우는 거의 없었다. 오히려 적은 보험료로 큰 보장을 선택했을 때 보람을 크게 느낀다.

최선은 종신보험 주계약 보장이지만 보험료 부담 때문에 정기성특약을 차선책으로 선택할 경우가 많다. 이럴 경우는 정기성특약을 유지하다가 경제적인 여유가 생기면 주계약으로 전환하면 된다. 가입한 정기성특약은 보험료만 부담하면 건강이나 직업에 관계없이 종신보험 주계약으로 전환 가능하니까 적절하게 활용하면 유용하다.

진행 중에 공감되지 않는 부분이 있으면 AP단계로 다시 돌아가서 니즈환기를 하거나 사실과 느낌을 다시 파악한다. 그리고 고객이 의미를 두는 것에 초점을 맞춰서 다시 설명해야 한다. 놓친 부분이 있으면 다른 날로 면담 약속을 미루더라도 제대로 진행해야 한다.

● PC 실제 사례

판매권유는 고객이 충분히 이해하며 공감할 수 있는 속도로 설명하면서 전적으로 고객 입장에서 진행해야 한다. 일시금이 필요한지, 매월 생활비가 필요한지, 언제까지 집중적으로 보장되어야 하는지, 배우자에게 최종적으로 준비해주고 싶은 보장금액이 얼마인지 등을 반영한다. 팩트 파인딩을 잘했다면 가망고객에게 맞는 문제 해결책, 즉 보장계획을 쉽게 만든다. 혹시 부족하거나 빠진 항목이 있다면 설명 중에 고객과 상의하면서 완성한다. 이때 고객이 자신에게 맞는 보장계획을 직접 설계하고, 세일즈맨은 옆에서 도와준다는 느낌을 전해줘야 한다.

다음은 내가 고객들에게 항상 이야기하는 내용이다.

"제가 지금까지 많은 고객분들에게 보장을 전달했는데 각각의 고객마다 보장내용이 다릅니다. 고객분들이 직접 자신에게 맞는 보장계획을 설계하도록 저는 옆에서 조언을 하면서 도와주는 역할을 할 뿐입니다. 고객님의 재무상태와 경제적인 여력에 맞춰 납입기간을 단축하거나 연장하고, 보험료를 납입할 수 있는 여력을 파악해서 종신토록 보장되는 주계약과 순수보장형 정기성특약을 활용하여 보장금액의 크기를 조절할 수 있습니다. 고객님께서 제대로 된 정보를 주시면 최소의 보험료로 최적의 보장계획을 설계하실 수 있도록 제가 도와드리겠습니다."

다음은 40대 가장에게 했던 종신보험 판매권유 사례이다.

**세일즈맨**: 지난번에 저를 만나서 제 이야기를 듣고 그 전과 달라진 생각이 있으신가요?

**고객**: 사실 그동안 고민 없이 내 일만 열심히 하면서 살면 된다고 생각했는데, 가장으로서 무거운 책임감을 느꼈습니다. 동시에 내가 가족들에게 어둠 속 등대 같은 존재라면, 가족들은 나에게 살아가는 힘을 주는 버팀목이구나 라는 생각이 들었어요.

**세일즈맨**: 지난번에 과장님이 주신 정보를 토대로 해서 제 가족을 위한 보장을 설계한다는 심정으로 제안서를 만들었습니다. 먼저 재무적인 관점에서 분석했습니다. 과장님께서 지금까지 가족을 위해 열심히 일하면서 사셨는데, 필요자금에 비해 마련해둔 준비자금이 많지 않습니다. 그래서 부족자금이 크네요. 아마도 그동안 가족들을 위해 지출을 많이 하셨나 봅니다.

종신보험의 일반사망보장은 자살을 포함해서 사고나 질병으로 발생하는 모든 사망을 평생 보장합니다. 이 주계약은 과장님을 종신토록 지켜주다가, 과장님이 사망하게 되면 사모님께 지급되는데 마지막 남는 금액을 사모님이 노후자금으로 사용할 수 있도록 설계했습니다. 자녀들을 위한 교육자금은 대학을 졸업할 때까지 소요되는 기본 교육비용 수준으로 준비하였고, 자녀들의 결혼자금은 과장님이 기대하시는 시기에 희망하시는 금액만큼 준비해서 아버지의 변함없는 사랑이 전해지도록 설계했습니다.

그리고 지금 살고 계신 주택을 구입할 때 받은 대출금을 10년 안에 상환할 예정이라고 하셨습니다. 그 기간에는 매월 대출상환금액만큼 추가로 반영하여 가족들에게 부담이 넘어가지 않도록 보장금액이 10년간 체감됩니다. 또한 과장님에게 문제가 발생하더라도 가족들이 지금처럼 살아갔으면 좋겠다는 생각을 반영하여 사망시점부터 자녀가 독립할 시점인 60세까지 매월 일정액의 생활비가 지급되도록 설계했습니다.

과장님 가정의 재정적인 부분을 감안하여 최소 비용으로 꼭 필요한 보장을 빠짐없이 준비하려다 보니 여러 가지 생각을 하였습니다. 또한 보장을 설계하면서 과장님과 사모님, 그리고 자녀들의 삶을 나름대로 그려보며 제 마음을 담았는데, 설명을 들으시면서 저의 마음이 느껴지셨는지 모르겠네요.

**고객:** 정말 많이 고민하셨다는 것이 느껴지네요.

**세일즈맨:** 사실 과장님에게 아무 일이 발생하지 않는다면 이 보장 플랜에서 준비하는 삶의 모습보다 훨씬 더 가족들에게 잘해줄 것입니다. 그러나 만약이라는 상황이 발생하게 되더라도 과장님이 생각하시는 수준의 삶을 가족들에게 보장할 것입니다. 납입기간은 대부분의 사람

들이 인정하는 통상적인 경제활동기간보다 조금 길게 설정했습니다. 그 이유는 평균 수명이 늘어나면서 경제 활동이 길어지고 있고, 매월 납입하는 보험료의 부담을 줄이기 위해서입니다. 어떠신가요?

**고객:** 글쎄요. 내가 그때까지 일을 할 수 있을지 모르겠네요. 납입기간이 길수록 유리한 점도 있고, 매월 납입할 보험료 부담을 줄이려면 어쩔 수 없겠네요.

**세일즈맨:** 사실 과장님처럼 가족을 사랑하는 마음과 책임감이 있고, 현재의 삶을 열심히 사시는 분들은 지금의 직장을 그만두더라도 본인의 능력으로 할 수 있는 일을 계속할 것입니다. 그 수입 중에서 일부를 보험료로 내시면 됩니다. 그래서 부담을 최소화하면서 가족들의 삶이 안전하게 지켜지도록 설계했습니다.

다음은 전문직 종사자에게 했던 종신보험 판매권유 사례이다.

**세일즈맨:** 원장님의 보장 플랜은 겉으로 보기에는 단순해 보이지만 여러 가지 의미와 가치를 담고 있습니다. 사실 이 정도의 보장수준은 시작일 뿐입니다. 원장님의 가치가 증가되고 자산이 늘어나게 되면 그 수준에 맞는 새로운 안전장치를 추가로 준비하셔야 합니다.

제 생각에 동의하시나요?

**고객:** 제 입장에서는 상황이 좋아져서 더 크게 준비할 수 있으면 좋겠네요.

**세일즈맨:** 이 플랜은 자녀들이 생활하고, 교육받고, 결혼할 때까지 아무런 부담 없이 지금처럼 살아갈 수 있도록 지켜주는 역할을 합니다. 그 이후에는 사모님의 노후자금으로 활용할 수 있습니다. 가족을 위해 준비해주고 싶다는 원장님의 생각을 반영한 것입니다.

가족을 지켜주는 안전장치로서의 기능 이외에 보장금액 범위 내에서 중대한 질병이나 간병상태가 되면 일부를 원장님을 위해서도 사용할 수 있습니다. 자산이 계속 증가하여 많아지면 상속세 재원으로도 활용 가능합니다. 또한 자녀들이 성장하여 독립한 다음이나 은퇴하신 후에는 쌓여있는 환급금을 연금으로 전환하여 생활비로 사용할 수도 있습니다.

선진국에서는 납입이 완료된 보험증서를 맡기고 노후를 실버타운에서 보내기도 한답니다. 언젠가는 반드시 가입한 보장금액이 지급되기 때문에 수익자를 가족에서 실버타운으로 바꾸고 노후를 부탁하는 것입니다. 또 수익자를 금융기관으로 바꿔서 생명보험증서를 주택 모기지 채권처럼 유동화하기도 합니다. 우리나라에서는 신문기사로 나온 검토 수준이지만, 외국에서는 실제로 그런 용도로 활용하고 있습니다. 보장을 받으면서 이런 것들이 가능하다는 걸 아셨나요?

**고객:** 아닙니다. 참 다양한 기능이 있네요. 상황에 맞게 활용할 수 있군요.

**세일즈맨:** 궁극적으로 가족들을 보호하는 안전장치이지만, 원장님을 보호하고, 다른 자산을 지키는 역할을 하다가 마지막까지 남는 자산이

됩니다. 원장님은 빚보다는 자산을 남길 가능성이 큽니다. 그래서 다른 자산에 비해 종신보험의 사망보험금이 유리한 점이 많습니다.

다음은 40세 남자의 건강특약을 부가한 종신보험을 보장의 우선순위와 보험료 구성을 중심으로 판매권유한 사례이다.

"집 짓는 순서를 아시나요? 집은 먼저 기초를 다져서 주춧돌을 놓고, 기둥을 세운 후, 지붕을 올립니다. 지붕부터 짓는 집은 없습니다. 재정안정계획을 세울 때도 가장 기본인 리스크 관리는 주춧돌이고, 노후준비는 기둥입니다. 주택구입, 교육자금, 사업자금 등과 같은 목적자금 마련은 지붕에 해당됩니다. 인생 계획을 아무리 잘 세워도 아프거나 사망하면 모든 것이 물거품이 됩니다. 그래서 인생 계획의 최우선 순위가 리스크 관리이고, 가장 좋은 리스크 관리 방법이 종신보험입니다."

"종신보험은 일반사망보장의 주계약과 장해, 진단비, 수술비, 그리고 입원비 등을 보장하는 특약으로 구성되어 있습니다. 여기서도 가장 중요한 일반사망은 주춧돌에, 진단비는 기둥에, 장해나 입원, 수술 등은 지붕에 해당됩니다.

만약 주춧돌이 튼튼하지 않아서 흔들리거나 문제가 생기면 집 전체를 허물고 다시 지어야 합니다. 그러나 지붕은 유행이나 계절에 따라 리모델링하기도 하고, 문제가 발생해도 집에 심각한 영향을 주지 않아서 금방 수리할 수 있습니다.

제 비유가 공감되시나요? 다시 말씀드리면 재정안정계획의 제1순위가 종신보험이고, 종신보험의 핵심인 일반사망에 중점을 두고 설계해야 합니다. 보험도 집을 짓는 순서대로 준비해야 후회하지 않습니다."

"일반사망을 보장하는 주계약 보험료의 비중이 70%이고, 상해, 진단, 수술, 입원을 보장하는 특약보험료의 비중은 30% 수준입니다. 평생을 보장해주는 주계약의 총 납입액은 크지만 납입이 끝나는 시점에서는 납입한 보험료의 대부분이 적금처럼 쌓여 있습니다. 보험료가 비싼 대신 환급률이 높습니다. 보험료의 70%가 주계약입니다. 사망을 보장하면서 자산이 될 수도 있을 주계약에 집중시켰습니다." 저금리 상황에서 이자수익은 크지 않습니다. 하지만 이자를 포기하면 납입면제, 사망보장, 세금이 면제되는 투자자산 확보 등의 많은 혜택을 누릴 수 있습니다.

소멸성 정기보험은, '월세'를 내고 사는 집과 같고, 종신보험의 주계약인 일반사망보장은 '자가'와 같습니다. 월세는 사라지지만 비싸게 구입한 자가는 노후에 역모기지론처럼 노후자금으로 활용이 가능하고 자녀들에게 물려줄 수도 있다.

보험료만 본다면 종신보험 주계약 보다 정기성 보험이 훨씬 효율적이다. 그런데 정기보험의 경우, 가입은 쉽지만, 생각보다 유지가 쉽지 않다. 종신보험은 비싸긴 하지만, 일정기간이 지나면 환급금이 쌓여가면서 활용방법이 많아지고 가치는 더 증가한다.

오래 유지한 종신보험을 가진 고객들은, 종신보험을 정기성 보험으로 바꾸고 차액을 저축이나 투자하라는 권유를 종종 받는다. 틀린 말은 아니지만 자칫 위험해질 수 있다.

오래 전, 선진국에서 많은 고객들이 이러한 세일즈맨들의 권유를 받아서 그렇게 했다가, 정기보험도 유지못하고 펀드에 투자했던 돈도 잃은 결과가 있었다. 보험사의 권유로 잘못된 선택으로 손해를 봤다며 고객들은 집단소송을 제기했고 보험사는 엄청난 금액을 변상해야만 했다. 수익률의 문제가 아니라 오랫동안 돈을 지키는 방법으로는 종신보험만큼 유용한 것도 없다.

연금이나 저축성 보험은 보장기능을 못하지만, 종신보험은 보장기능 외에 연금이나 목적자금 기능을 할 수 있다.

종신보험 세일즈맨은 상품을 설명하는 것이 아니라 고객과 삶을 공유하는 것이다. 고객의 삶이 담긴 PC는 거부할 수 없다. 자신의 삶을 거부하는 것이기 때문이다.

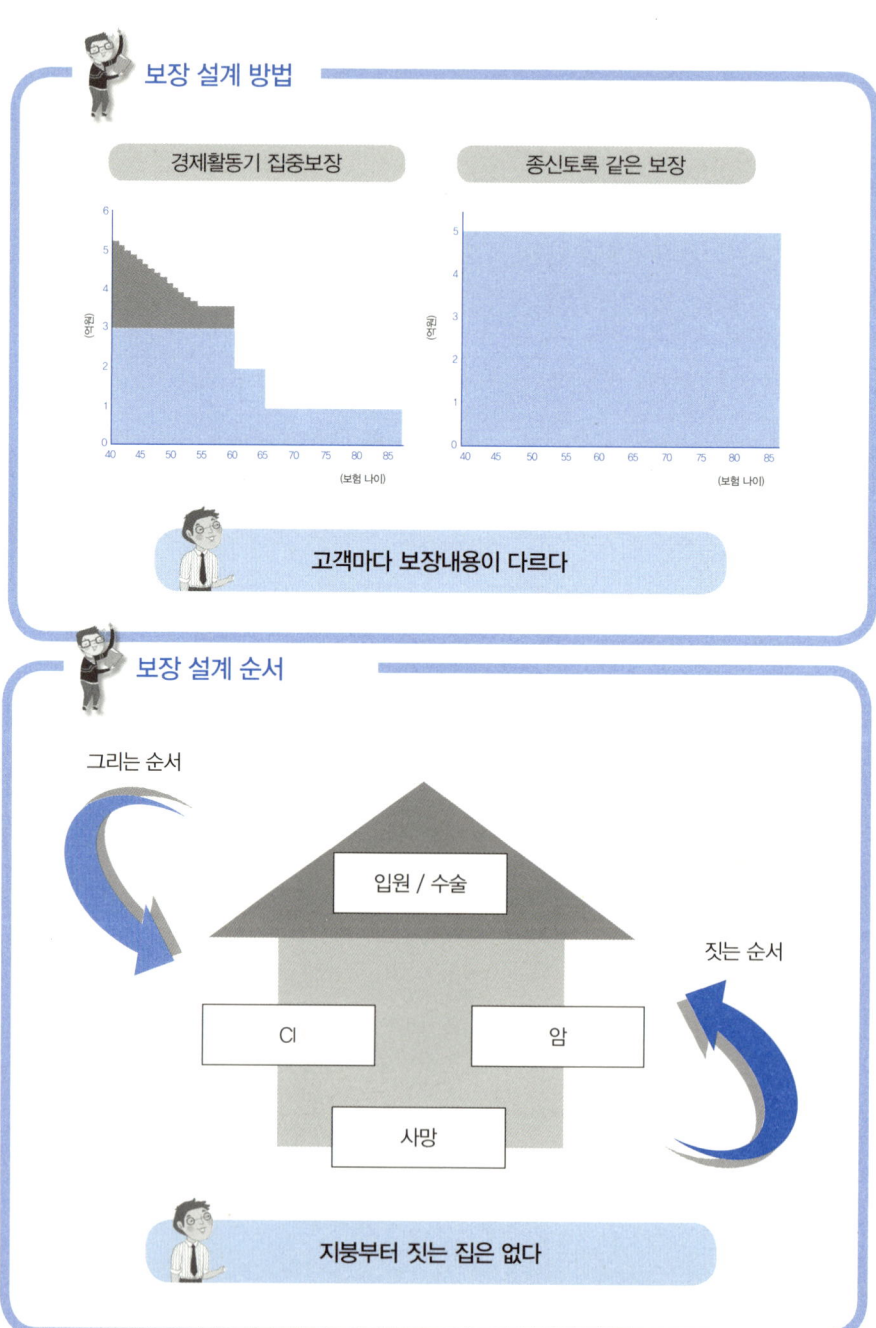

# 6. 거절처리

● **거절의 의미와 방법**

거절이란 고객이 세일즈맨에게 보험에 대한 자신의 생각, 느낌, 의견을 표현하는 것에 불과하나. 어떤 세일즈맨은 고객의 거절 때문에 고객을 만나기 두려워한다. 세일즈맨은 고객의 거절을 당연하고 자연스러운 현상으로 받아들여야 한다. 고객과 만나는 것을 두려워하지 않을 때 진정한 생명보험 세일즈가 가능하다. 나는 고객에게 현실을 직시할 수 있도록 진심으로 충고한다. 이것이 내가 고객에게 할 수 있는 최대의 서비스이다. 세일즈맨은 고객이 자신의 문제를 인식했으면 그냥 그대로 내버려 두기보다 좀 더 적극적으로 본인의 문제를 해결할 수 있도록 자신의 의견을 양보하지 말아야 한다.

100명의 사람들에게 지금 당장 생명보험에 가입하겠냐고 물으면 90명은 "아니오." 라고 대답하고, 나머지 10명은 "절대로 아니오." 라고 대답한다고 한다. 가망고객이 면담을 하자마자 보험에 가입하겠다고 하면 오히려 세일즈맨이 더 놀라서 한 번 더 물어봐야 한다. 특히 종신보험 세일즈맨은 거절을 먹고 성장한다. 수없이 많은 거절 속에서 강한 의지가 피어난다.

나의 가까운 친척이 팔이 저리고 걷기가 힘들어서 병원을 찾았다. 검사를 해보니 혈압이 200이 넘었다. 두렵기도 하고 일을 쉴 수도 없어서 그는 온갖 핑계를 대고 집에 가려고 했다. 하지만 의사는 단호하게 간호사를 시켜 입원을 지시했다. 의사의 본분에 따라 확신을 가지고 환자의 거절을 처리한 것이다. 특히 생명보험은 소신을 갖고 단호하게 거절을 처리해야 한다. 그렇지 않으면 착한 세일즈맨일지는 몰라도 훌륭한 세일즈맨이 되기는 힘들다. 생명이 위태로운 상태의 환자가 퇴원을 하도록 내버려 둘 의사가 어디 있단 말인가?

다음은 MBC 라디오 〈여성시대〉에 소개된 어느 미망인의 편지이다.

"저는 남편이 보험에 가입하지 않았다가 불의의 사고를 당해서 경제적인 어려움으로 인한 고통을 호소하는 사람들의 이야기를 많이 들었습니다. 그런 이야기를 들을 때마다 저만은 다르다고 생각했습니다. 왜냐하면 남편이 이미 보험에 가입했기 때문입니다. 그래서 보험설계사가 방문해서 추가가입을 권유해도 듣지 않고, 우리는 이미 보험에 가입돼 있어서 더 이상은 필요 없다고 말했습니다.

사실 저도 미망인 신세는 다른 여자에게나 생기는 일이라고 생각했습니다. 그런데 제가 바로 그 미망인의 신세가 되었습니다. 갑자기 남편이 뇌출혈로 사망했습니다. 남편이 보험에 가입한 것을 알았던 저는 보험회사로 문의했습니다. 그랬더니 남편이 가입한 보험은 1천만 원짜리 보험이었습니다. 38세의 미망인으로서 세 명의 자녀를 데리고 살아가기에는 터무니없이 부족한 액수였습니다. 왜 이리 적은 보험에 가입했더란 말인가? 하늘이 원망스러웠습니다.

그런데 어제 남편의 책상 서랍을 정리하다가 1억 원짜리 생명보험 제안서를 발견했습니다. 날짜를 보니 남편이 사망하기 불과 한 달 전의 날짜였습니다. 그리고 보니 언젠가 남편이 회사에서 돌아와 추가가입을 의논한 일이 생각났습니다. 저는 그때 지금보다 큰 냉장고를 할부로 들여놓는 것이 더 낫겠다는 생각에 보험가입을 반대했습니다. 얼마의 보장을 갖고 있는지 전혀 관심이 없었고 그것보다는 냉장고가 우선이었습니다.

지금 와서 생각해 보니 그때 그 보험설계사는 우리를 도와주려는 천사의 손길이었습니다. 나는 지금 가족을 부양하기 위해 식당에서 일하고 있습니다. 일이 무척 고됩니다. 집에는 큰 냉장고를 들여놓았지만 냉장고 안은 텅 비어 있을 뿐입니다."

경험이 적은 세일즈맨은 거절 없는 종결을 희망한다. 그러나 세일즈맨이 고객의 삶에 관심을 갖는다면 고객의 거절에 쉽게 굴복할 수 없다. 거절을 받아들이는 것은 보장을 선택하지 않아서 겪게 될 고객의 어려움을 외면하는 것이다. 가망고객에게 제안서까지 설명했다면 고객과 그 가족의 삶에 끝까지 관심을 갖고 지켜줄 책임이 있다. 보장을 전달하지 못하면 먼저 가망고객의 가족에게 미안한 마음을 가져야 한다. 고객의 행복을 위해 거절을 거절하라!!

● **20가지 거절처리 사례**

최고의 거절처리는 거절이 나오지 않게 철저하게 진행된 세일즈 프로세스 자체이다. 그것이 안 된다면 다음과 같은 매뉴얼에 따라 거절처리를 하면 된다. 실제로 무수히 활용했던 사례들이다.

1. 바쁘다

☞ 한가할 때는 누워있거나 실직해 있을 때이다. 브레이크가 고장난 차를 바쁘다고 그냥 탈 수는 없다.

2. 관심이 없다

☞ 무관심하기 때문에 내가 찾아와서 이야기하는 것이다. 보험에 관심이 생길 때는 문제가 생긴 후인데 그때는 이미 늦는다.

### 3. 여유가 없다

☞ 여유가 있어서 종신보험을 선택하는 것이 아니라 종신보험에 가입해야 삶의 여유가 생긴다. 종신보험은 미래에 진짜 여유가 없을 때 여유를 만들어주는 플랜이다.

### 4. 죽어서 나오는 것이라 싫다

☞ 꼭 그런 것만은 아니다. 모두 자산으로 남길 수도 있지만 절반 이상은 본인이 살아서 혜택을 받는다. 요즘은 죽어서 나오는 보험이 진짜 보험이라고 생각하는 사람들도 많다.

### 5. 한 회사에 너무 집중된다

☞ 보험사별로 가입 한도가 정해져 있다. 크게 가입하려면 분산시키는 것이 맞다.

### 6. 요즘 누가 종신보험 가입하나

☞ 종신보험은 유행을 타는 상품이 아니다. 인간사랑, 가족사랑, 사망이 존재하는 한 종신보험은 영원히 존재한다.

### 7. 저축이나 투자가 유리하다

☞ 투자하지 말라는 것이 아니라 안전하게 하라는 것이다. 종신보험은 가장 안전한 투자, 또는 저축 수단이다.

8. 배우자나 부모님께 물어보겠다

☞ 종신보험은 가족을 위한 선물이다. 가족이 반대해도 문제고 더 크게 들라고 해도 상처를 받는다. 선물 사는 것을 선물 받을 사람에게 물어보는 것이 맞을까?

9. 가족이 없다

☞ 스님도 종신보험을 든다. 가족이 없더라도 사회의 도움을 받아 성장했으므로 사회에 돌려줄 의무가 있다.

10. 아는 사람에게 보험 든다

☞ 아이를 친한 사람이 운영하는 어린이집에 맡기겠는가, 아니면 안전한 어린이집에 맡기겠는가? 소중할수록 제대로 검증된 곳에 맡겨야 한다.

11. 보험이 너무 많다

☞ 건수와 금액은 의미가 없다. 중요한 보장에 어느 정도 집중되는지가 핵심이다. 무조건 가입을 권유하는 것이 아니라 부족한 부분만 보완해 주는 것이다.

12. 가입했다가 손해를 많이 봤다

☞ 장기상품을 단기로 계산하면 안 된다. 이는 10년 사업할 생각으

로 인테리어 공사를 새롭게 하고 권리금 주고 입주했는데 1년 만에 철수하면서 손해 봤다고 불평하는 것과 같다.

### 13. 보험이 계속 좋아진다
☞ 겉포장만 좋아지는 것뿐이다. 연령 증가, 금리 하락, 건강 악화 등을 감안하면 새로운 보장이 과거의 것보다 좋을 수는 없다.

### 14. 나중에 하겠다
☞ 불행은 아무 때고 예고 없이 찾아온다. 내년에 본인이 살아있을 확률을 얘기해 줄 수 있는가?

### 15. 지금 재산으로도 충분하다
☞ 종신보험은 소중한 재산을 지켜주는 가장 합리적인 방법이다.

### 16. 대출이 있다
☞ 대출이 있기 때문에 가입한다. 갑자기 사망하면 대출금은 누가 갚겠는가?

### 17. 지금껏 보험 없이도 잘 살아왔다
☞ 지금까지의 무사함이 미래의 안전을 보장하지는 못한다. 보험의 혜택을 받았다면 가입할 수 없는 경우가 대부분이다.

### 18. 소득에서 이미 10% 지출하고 있다

☞ 소득에서 얼마를 지출하고 있느냐가 아니라 중요한 보장이 얼마인지가 중요하다.

### 19. 필요하면 연락하겠다

☞ 시간이 지나면 연락을 못 하거나 의미가 없어진다. 필요하다는 생각이 들 때는 선택할 수 없는 경우가 많다.

### 20. 맞벌이라 괜찮다

☞ 지금까지 둘이 나눠서 지던 짐을 한쪽에 문제가 생기면 다른 한쪽이 다 져야 한다. 본인의 짐을 배우자에게 넘기고 싶은가? 배우자는 어떻게 생각할까?

황금을 좋아하는 어떤 부자가 큰 죄를 짓고 재판정에 나갔는데, 왕이 세 가지 벌 중에서 한 가지를 선택하라고 했다. 첫 번째는 '매운 음식 먹기', 두 번째는 '곤장 100대 맞기', 세 번째는 '황금 열 냥 바치기'였다. 그 부자는 어떤 벌을 선택했을까? 황금을 좋아하니 당연히 황금을 바치고 싶지는 않았다. 그래서

'매우면 얼마나 맵겠어.'

라고 생각하고 매운 음식 먹는 벌을 선택해서 먹기 시작했다. 반쯤 먹자 입천장이 벗겨지고 목이 타들어 가면서 더 먹으면 죽을 것 같았

다. 잠시 고민하다가 그래도 황금은 아깝다는 생각이 들어서

"더는 못 먹겠어요. 곤장 맞을게요."

라고 했다. 곤장을 선택해서 60대쯤 맞으니 엉덩이 살점이 떨어져 나가고 뼈까지 보일 정도가 되었다. 부자는 더 이상 참지 못하고

"황금을 낼게요. 그만 하세요."

라고 소리쳤다. 매운 음식도 먹을 만큼 먹고, 곤장도 맞을 만큼 맞은 후 결국 황금까지 바쳤다. 사람들에게 이 이야기를 들려주면 다들 그 부자가 바보라고 말한다. 그런데 이런 바보 같은 일들이 우리 일상에서 흔하게 일어난다. 언젠가 할 거라면 힘들더라도 빨리해야 하는데, 미루다 보니 몇 배의 대가를 지불하거나 신택하지 못하게 되어 후회하는 경우가 많다.

공기의 저항을 받아들이는 비행기만 이륙할 수 있다. 이륙하지 못하는 비행기는 가장 비싼 고철 덩어리다. 거절을 즐겨야 세일즈가 즐겁다. 거절을 두려워하면 세일즈는 고민 덩어리일 뿐이다. 거절처리는 고객이 나중에 후회하지 않도록 도와주는 것이다.

**거절처리는**

| 큰 돌 | 자갈 | 모래 | 흙 |
| --- | --- | --- | --- |
| 일반사망 | 진단비 | 수술비 | 입원비 |

"생각한 대로 하라고 도와주는 것"

# 7. 증권전달 및 선물

● **증권전달의 의미와 방법**

증권전달은 세일즈 프로세스의 마지막 절차이다. 요즘은 우편으로 발송할 수도 있어서 자칫 소홀해질 수 있다. 접근, 사실과 느낌의 발견, 판매권유, 거절처리, 종결 등 세일즈 프로세스의 각 단계를 성공적으로 진행했다고 해도 보험증권 전달을 소홀히 하면 모처럼의 계약이 허사가 된다. 또한 보험증권을 받아보더라도 그것이 실제로 어느 정도 가치가 있는 것인지 실감하지 못하면 계약이 유지되기 힘들다.

그래서 증권전달 단계에서 종신보험의 가치에 대해 고객에게 다시 한 번 이야기하고 확인시켜야 한다. 고객은 증권을 받아들었을 때 확인한 가치를 오래 기억한다. 그리고 그 가치가 충만해있을 때 소개를 요청해야 한다. 작은 선물을 준비하는 것도 좋다. 세일즈의 차별화는 다 했다고 생각한 바로 그 지점에서 남들보다 조금 더 했던 노력이 좌우한다.

**고객**: 증권을 우편으로 보내면 되지 바쁜 데 뭐하러 오세요?

세일즈맨: 증권을 전달해 드리는 것은 계약을 하는 것만큼이나 중요한 의미가 있습니다. 계약하신 내용대로 증권에 명시되어 있는지를 확인하는 것이 중요합니다. 증권에 명시된 내용은 증권을 분실하더라도 변하지 않습니다. 그리고 설명을 듣고 계약한 내용과 다른 부분이 있다면 지금 바로 잡아야 합니다. 확인을 안 했다가 나중에 잘못된 것을 알게 되면 바로잡을 방법이 없습니다. 바쁘시더라도 다시 한 번 확인하시면 마음이 편해지실 겁니다.

고객: 다른 보험을 계약했을 때하고는 다르네요. 담당을 잘 만났다는 생각이 들고 보장에도 믿음이 가요.

남들보다 조금만 더 번거롭자! 이것이 나의 성공 비결이다.

누구나 자기가 보유한 주식에 대해서는 긍정적으로 생각한다. 증권전달은 모든 프로세스를 지나 보험증서를 받는 순간이다. 이때 처음 AP때 했던 내용을 다시 한번 상기시켜 주어야 한다. 좋게 생각하고 있는 상황에서 다시 AP를 들으면 종신보험이 너무 좋고 잘했다는 생각을 다시 하고, 그 때, 고객은 속으로 '여유가 생기면 더 가입 해야겠네!' '주위 사람들에게 소개해주면 좋겠는데..!' 라고 생각한다.

'증권전달' 이라는 프로세스를 제대로 하면 자연스럽게 추가계약과 소개로 이어진다. 그런데 번거롭다고 소홀히 하면 추가계약과 소개의 기회를 잃을 수밖에 없다.

● 의미 있는 선물

선물은 우선 의미가 있어야 한다. 누군가에게 자랑하고 싶은 선물은 오래 간직하고 싶다. 오래 간직하려면 쉽게 변하지 않아야 한다. 아무리 의미 있고 좋은 선물이라도 현실적이지 못하면 소용없다.

처음에 부담되는 선물을 하면 오래 지속하지 못한다. 생일이나 결혼기념일에 케이크나 꽃다발 등을 고객에게 선물하면서 뿌듯함을 느낄 수 있겠지만 매번 그렇게 할 수는 없다. 보험세일즈맨은 보장전달이 주된 업무지 선물 전달이 주 업무가 아니다. 선물은 부수적인 것이다. 고객에게 제대로 된 보장을 통해서 만족을 주어야 한다.

종신보험은 장기간 유시되어야 한다. 선불도 한번 시작했으면 같은 수준을 오래 유지할 수 있어야 한다. 오랫동안 지속할 수 없는 선물은 차라리 시작을 하지 않는 것이 낫다. 그래서 나는 선물을 할 때 이것을 오랫동안 지속할 수 있을지를 먼저 생각한다.

같은 선물이라도 의미가 담긴 선물을 하면 고객은 가격을 초월한 가치를 느끼고 감동한다. 의미를 부여하려면 고객 입장에서 생각해야 한다. 다른 고객이 만든 제품이나 직접 농사지어 수확한 농산물을 고객에게 선물하는 것도 의미가 있다. 다른 고객을 도와주는 마음이 담겨있어서 받는 사람에게 특별한 느낌을 줄 수 있다. '돈으로 사랑을 살 수는 없지만 돈에 사랑을 담을 수는 있다'는 의미로 가입하는 종신보험은 가족에게 전하는 선물이 된다. 고객에게 전하는 작은 선물에도 돈으로 살 수 없는 사랑과 의미를 담아야 한다.

예를 들어 실적이 우수하면 회사에서 문화상품권을 시상품으로 주는 경우가 있다. 나는 그것을 봉투째 고객에게 선물한다. 그러면 고객들은 "고생해서 상을 받았는데 왜 저에게 주세요?"
라고 묻는다. 나는 이렇게 대답한다.
"고객님들 덕분에 상을 받았기 때문에 고객님께 돌려드리는 것이 맞습니다."
고객 입장에서는 금액을 떠나 열심히 노력해서 상으로 받았다는 의미와 고객 때문에 받은 것을 고객에게 돌려주는 따뜻한 마음에 감동한다. 경제적인 부담 없이 일관되게 오래 할 수 있는 선물의 좋은 예라고 할 수 있다.

책을 선물하는 것도 좋다. 예전에는 내가 감명 깊게 읽은 책을 선물했지만 저자가 된 이후에는 주로 내 책을 선물한다. 중요한 부분을 요약해서 책갈피로 만들어 책 사이에 끼워준다. 그리고
"바쁘시면 책갈피에 있는 내용만 읽어보셔도 좋습니다."
라고 말하면서 선물한다. 워낙 바쁜 세상이라 그냥 주는 책은 아무리 내용이 좋아도 읽지 않는다. 책값만 낭비될 뿐이다. 직접 읽어보고 느낀 내용을 같이 전해주면 책을 읽어볼 가능성이 높다. 실제로 한 동료는 책을 읽으면서 고객의 삶과 관련되는 중요한 부분에 밑줄을 치고 메모를 한 후 책을 선물했는데 고객이 크게 감동했다고 한다.

문 앞이나 거실에 걸어 두는 문패 선물은 여러 가지 의미가 있다. 문패는 수작업으로 만드는데 '늘 행복한 집', '꿈이 이뤄지는 집'이라는 문구를 가족의 이름과 함께 새겨 넣는다. 자녀가 새로 태어나면 자녀 이름을 추가하여 새로 만들어서 선물한다. 추가비용이 들어가지만 가족과 공감할 수 있는 좋은 기회다. 문패는 가격이 비싸지 않으면서 고객들의 반응이 좋다. 문패를 걸어두면 고객 집을 방문하는 사람들이 문패를 보고 어디서 만들었는지, 어떤 의미로 받았는지 등을 물어보고 본인도 갖고 싶다고 해서 소개를 받아 계약한 적도 있다.

선물도 관심-공감-연결-확산의 시스템이 적용되도록 한다.

의미 없는 선물은 의미 없다.
고객의 삶이 담긴 종신보험증서보다 좋은 선물은 없다.

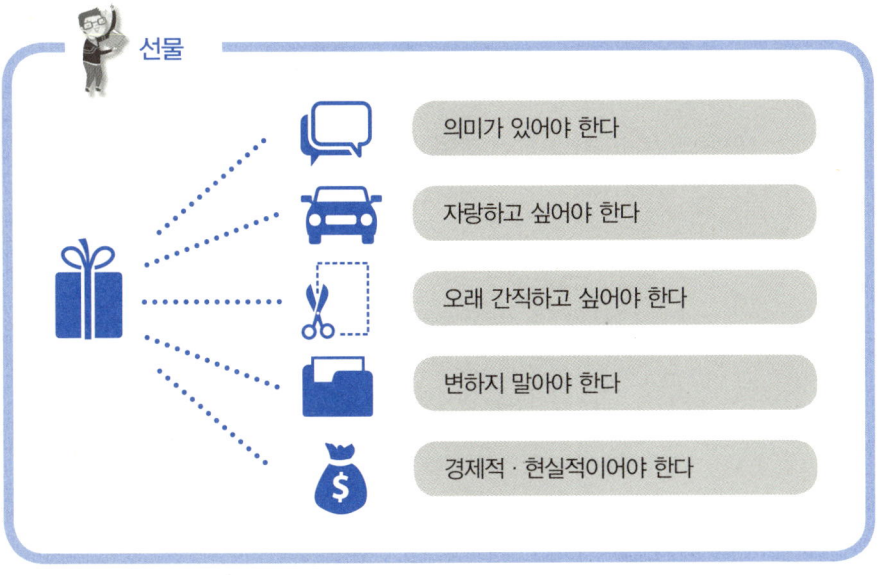

# 8. 소개 요청

● **소개 요청의 의미와 방법**

소개 요청은 세일즈 프로세스 각 단계에서 반복적으로 해야 한다. 프로세스가 끝까지 간다는 보장이 없다. 계약은 못 하더라도 소개는 받아야 한다. 계약보다 소개를 목적으로 프로세스를 진행해도 된다.

가장 효과적인 가망고객 발굴 방법은 기존고객의 소개이다. 그러나 고객 입장에서 소개라는 단어를 들으면 부담감을 느끼는 것이 당연하다. 그러므로 상담 중간에 소개라는 말을 반복함으로써 고객의 귀에 익숙해지도록 해야 한다. 말에 익숙해지면 마음은 귀를 따라간다. 이것이 인간의 본성이다.

고객이 소개를 주저하는 가장 큰 이유는 왜 소개를 해주어야 하는지 모르기 때문이다. 그래서 소개가 세일즈맨을 비롯한 다른 사람들에게 어떻게 좋은 영향을 미치는지 고객을 이해시키는 것이 중요하다. 두 번째 이유는 지나친 권유로 지인과의 관계가 어색해질까 걱정하기 때문이다. 고객이 과거에 그런 경험이 있었다면 먼저 불안감을 해소시킨 다음에 소개를 요청해야 한다. 집요하게 강요하면 소개도 받지 못하면서 고객과의 관계만 악화될 뿐이다.

소개 요청을 했는데 고객이 거절할 때, 세일즈맨은 우선 거절하는 이유에 공감해 주어야 한다. 그런 다음 소개를 요청하는 이유와 소개의 소중함을 설명해서 거절할 수 없도록 상황을 만들어야 한다. 물론 이것은 클로징에도, 전화 접근 거절처리에도 사용할 수 있는 방법이다.

다음은 소개를 요청할 때 내가 자주 쓰는 멘트이다.

"저는 사람을 만나는 것이 좋아서 이 일을 시작했습니다. 하지만 전혀 모르는 사람을 찾아가지는 않습니다. 그래도 제가 세일즈를 할 수 있는 것은 '소개' 덕분입니다. 저에게 소개시켜주지 않으면 저는 길거리를 헤매야 합니다. 소개로 만날 수 있는 사람이 있다는 것은 참 행복한 일입니다. 고객님께서 저에게 소개를 해주시면 세 사람에게 좋습니다. 첫째로 저에게 도움이 되고, 둘째로 고객님은 저를 도와주시는 좋은 일을 하는 것이고, 셋째로 제가 만나 뵙는 그분이 좋은 정보를 얻으실 수 있습니다. 그분께도 오늘 말씀드린 것과 같은 좋은 정보를 선물로 드릴 것입니다."

● **소개 요청 실제 사례**

세일즈맨은 그냥 소개를 해달라고 부탁하지만, 고객 입장에서는 소개해주는 이유를 모르면 엄청난 고민을 할 수밖에 없다. 그래서 부담 없이 소개를 할 수 있도록 이유와 가이드라인을 고객한테 제시해야 한다. 다음 사례를 보자.

**세일즈맨:** 과장님 아시는 분 중에 한 분만 소개해 주세요!

**고객:** 글쎄요. 주변에서 보험에 가입하겠다는 사람이 있으면 그때 소개해 드릴게요.

**세일즈맨:** 저는 계약을 할 사람이 아니라 제가 과장님과 나누었던 이야기를 편하게 나눌 수 있는 분이면 됩니다. 관심도 없는데 괜히 소개하면 욕먹을 것 같아서 그러시죠? 제가 연락해서 그분이 싫다고 하면 절대로 만나자고 강요하지 않겠습니다. 저는 사람 만나는 것이 좋아서 이 일을 선택했습니다. 그래서 매일 누군가를 만나야 합니다. 계약은 여러 가지 조건이나 상황이 맞아야 합니다. 어떤 분은 만난 후 10년이 지나서 고객이 되신 분도 있습니다. 그래서 이제는 무조건 계약을 한다는 생각을 버리고 사람과의 만남 자체를 즐깁니다. 그렇게 하니까 계약을 안 해도 서로 부담 없는 편안한 만남이 됩니다. 과장님이 저와 나눈 내용이 좋으셨다면 다른 분께도 이런 기회를 드리는 것이 어떨까요? 과장님께서 먼저 연락해보시고 만나도 된다는 확인을 주시면 방문하겠습니다. 지금은 저를 도와주시는 것이지만 언젠가는 그분께도 큰 도

움이 될 것입니다.

다음은 고객에게 구체적인 소개 가이드라인을 제시하는 두 가지 사례이다.

"최근에 여권 만들어 보신 적 있으신지요? 예전에는 없었는데, 요즘에는 비상연락을 할 수 있는 사람을 적으라고 하더군요. 해외에서 문제가 생겼을 때 해결해줄 수 있는 사람이 필요한 거죠. 부모님이나, 장인, 장모님처럼 나이 드신 분은 안 되겠고, 그렇다고 너무 어려도 안 되고, 건강하게 활동하면서 생활도 안정되어 있고, 다른 사람에 대한 배려심도 있고 항상 통화할 수 있는 사람이 누구일까 고민하다 저는 처제를 적었습니다. 아내에게도 누구를 적었냐고 물었더니 저와 같은 생각으로 자기 동생을 적었다고 합니다. 과장님도 해외에서 위급한 일이 생겼을 때 연락하면 과장님을 도와줄 수 있는 분들이 있으시죠? 그런 분들을 생각해보시고 가족 중 한 사람, 친구 중 한 사람, 회사 동료 중 한 사람을 적어보세요. 이런 말씀을 드리면 두세 명씩 많이 적어주시는 분도 계시고, 적지 못하시는 분도 있습니다. 과장님도 비상연락처를 적지 못하면 해외에서 못 돌아오십니다. 그런 상황이 되었을 때를 가정해서 도움을 받을 수 있는 사람을 생각해 보는 것만으로도 상당한 의미가 있을 것입니다. 여기에 적어보세요!"

"사람이 죽으면 각기 다른 직업을 가진 다섯 사람이 찾아옵니다."

"장례를 치러 줄 장의사, 사망할 때까지 치료한 의사, 사망 후 법적인 문제를 처리할 변호사, 세금을 처리할 세무사, 그리고 담당 보험설계사가 그들입니다."

"분명한 것은 앞의 네 사람은 죽은 사람에게 돈을 요구하지만, 담당 보험설계사는 현금과 돌아가신 분에 대한 칭송을 갖고 옵니다."

"고객님의 마지막 비상연락망인 부고를 전해줄 사람으로 누가 떠오르시나요? 친구, 직장동료, 후배 중에서 한 사람씩만 적어주십시오."

"제가 고객님과 이야기한 내용을 이분들과 나누고 싶습니다."

다음과 같은 사례를 이야기하면 소개받을 확률이 높아진다.

하루는 산신령이 어떤 사람의 꿈에 나타나서

"내일 비가 올 것 같으니 문단속을 잘해라!"

라고 말하고는 사라졌습니다. 그런데 아침에 일어나서 보니 날씨가 화창했습니다. 옆집 사람은 모처럼 날씨가 맑으니까 창문도 활짝 열어놓고 옷가지와 이불도 널어놓고 외출을 했답니다. 그래서 자신도 환기를 위해 창문을 활짝 열어놓은 채 창밖에 이불을 널어놓고 출근을 하려는데 갑자기 어젯밤 꿈이 생각이 났대요. 아무래도 꿈이 찜찜해서 다시 들어가 창문을 닫고 널어놓았던 빨래들을 방에 들여놓고 출근을 했답니다. 그런데 오후가 되니까, 하늘이 갑자기 캄캄해지면서 엄청난 비가 내리는 거예요. 그래서 이거 꿈이 맞았구나! 이런 생각을 하면서 저녁에 퇴근해보니 옆집은 난리가 났더랍니다. 널어놓았던 이불뿐만 아니라 열어놓은 창문으로 비가 다 들이쳐서 방까지 물난리가 난 거죠. 꿈이야기를 듣길 잘했다 생각하며 잠이 들었는데 다시 산신령이 나타났답니다. 그 사람이 왜 옆집에는 그 이야기를 안 해주셨냐고 묻자 산신령이 이렇게 대답하더랍니다.

"네가 소개를 해줘야 알지 어떻게 알겠냐?"

소개를 받겠다는 목표로 세일즈를 하면 계약이 자연스럽다. 계약이 오늘을 기쁘게 하는 일이라면, 소개는 미래의 행복을 사는 것이다.

 소개

외국에서 갑자기 어려운 상황에 처했거나
여권을 분실했을 때
도움을 요청할 분을 적어보세요!

1. 가족 중 한 사람 ........................................
2. 직장동료 중 한 사람 ........................................
3. 친구 중에서 한 사람 ........................................

적을 사람이 없다면 그 낯선 곳에서 돌아오지 못할 수도 있습니다.^^

# PART 5
# 아이스(ICE) 오션 실전 사례

# 1. 미래의 주인공인 자녀

● **자녀의 생명보험**

**세일즈맨:** 고객님은 현재 보험료가 변동되지 않는 확정형 상품과 매년 보험료가 인상되는 갱신형 상품 중 어떤 상품을 선택하시겠어요?

**고객:** 당연히 확정형 상품이죠.

**세일즈맨:** 지금 자녀의 종신보험을 준비하는 것은 확정형 상품을 선택하는 것과 같습니다. 언젠가는 꼭 필요한데, 미루는 것은 나중에 보험료가 얼마나 인상될지 모르는 갱신형 상품을 선택하시는 겁니다. 더 위험한 것은 미루다가 아예 선택을 못 할 수도 있습니다.

부모의 보장이 제대로 준비되지 않은 상황에서 자녀의 보장을 준비하는 것은 순서가 잘못된 것이다. 그러나 부모의 보장이 충분하다면 일찍 유리한 조건에서 자녀의 보장을 준비해 줄 수 있다. 나중에 자녀가 결혼을 해서 손자, 손녀를 낳으면 그들이 보호받을 수 있는 안전장치를 미리 만드는 것이다. 세일즈를 오래 하다 보면 고객의 자녀가 성장하면서 자연스럽게 고객이 된다. 별도로 가망고객 발굴을 하지 않아도 부모가 자녀들을 소개해주는 것과 같다.

자녀에게 보험의 의미와 가치, 그리고 가입하는 보험의 보장내용을 설명하면서 경제교육도 시켜준다. 그러면 자녀는 본인이 경제활동을 하게 되면 그 보험료를 스스로 책임지겠다고 말한다.

자녀가 경제활동을 할 때 가입하면 되는데, 왜 미리 가입해야 하는지 궁금할 수 있다. 두 가지 이유 때문이다. 첫째는 건강이 나빠지거나 위험한 취미를 갖게 되면 보험가입을 못 할 수 있고, 둘째는 금리 하락과 인플레 증가로 인해 비용이 올라갈 가능성이 높기 때문이다. 부모 입장에서는 자녀가 아플 때 지불해야 할 치료비 부담을 줄일 수 있고, 길게 보면 손자, 손녀까지 보호할 수 있는 안전장치를 저렴한 비용으로 마련하는 것이다. 부모가 종신보험의 가치를 제대로 인식하면 자녀의 종신보험에 자연스럽게 관심이 가게 된다.

● **자녀 생명보험의 특징 및 접근방법**

자녀가 보험에 대한 선입견이 없을 때 보험의 중요성과 의미를 알려주는 것이 좋다. 나이가 한 살이라도 어리고 건강할 때 가입해야 같은 보장내용일지라도 훨씬 유리한 조건으로 가입할 수 있다. 요즘은 자녀가 15세가 되는 날 보험계약을 선물하는 현명한 부모를 종종 만난다.

먼저 중요한 보장을 기본으로 선택하고, 적정 보장수준은 나중에 사회생활을 하면서 본인이 직접 준비하면 된다. 높은 계단을 한 번에 오르기는 힘들다. 하지만 중간에 작은 계단을 만들어주면 쉽게 올라갈 수 있다. 다음은 무엇을 말하는 것일까?

- 안 하려고 한다
- 해준다고 생각한다
- 시도 때도 없이 하라고 한다
- 미루면 힘들어진다
- 때가 있다
- 나중에 후회한다

부모와 학생이 함께 있는 자리에서 위의 질문을 던지면 모두 '공부'라고 대답한다. 맞는 말이다. 누구나 공부가 필요한 것은 알고 있지만 대부분 하기 싫어한다. 또 자녀들은 자신을 위해서가 아니라 부모를 위해서 공부를 해준다고 생각한다. 그래서 시험을 잘 보거나 좋은 대학에 가면 부모에게 해달라는 것이 많다. 학교, 학원, 집 어디를 가더라도 시도 때도 없이 공부하라고 한다. 공부도 적당한 때에 안 하고 미루다 보면 나중에 후회한다.

사실 위 퀴즈는 한 고객의 고등학생과 대학생 자녀의 종신보험을 계약하면서 보험을 어떻게 설명할까 고민하다가 내가 적어본 것이다. 보험은 꼭 필요한 것인데도 대부분 안 들려고 한다. 그동안 강요받은 경험이 많기 때문이다. 가입을 하더라도 '하도 들라고 해서 하나 들어줬어!'라는 식으로 말한다. 광고에도 많이 나오고 시도 때도 없이 여기저기서 하라고 한다. 그런데 미룰수록 비용이 올라가면서 여러 가지 조건이 불리해진다. 또한 보험은 아무 때나 할 수 있는 것이 아니라 여러 조건이 맞아야 가입할 수 있다. 보험가입을 미루다가 나중에 문제가 발생하면 후회한다.

● 실제 사례

어느 중소기업의 대표였던 가장이 사망하면서 10억 원의 보험금을 남겼다. 그 돈이 가업으로 키워 온 회사의 운영자금 부족분을 막아주어서 다행히 회사가 위기를 넘길 수 있었다. 남편의 보험금 덕분에 유학을 갔던 아들도 무사히 학교를 졸업했다. 그때를 계기로 보험의 가치를 실감한 배우자가 회사를 물려받아 직접 경영하면서 남편 수준으로 10억 원의 종신보험에 가입했다. 그리고 언젠가 회사를 물려받을 자녀도 종신보험에 가입했다. 자녀가 아직 학생이지만 언젠가 회사를 물려받을 것이기에 어차피 할 거라면 미리 가입하는 것이 좋겠다고 생각했단다.

나는 그런 자녀들을 만나면 이렇게 묻는다.

"부모님이 먹여주고, 입혀주고, 교육까지 시켜주는 것에 대해 고맙게 생각하는가?"

"고맙게 생각해요."

"나중에 보답할 의사가 있는가?"

"당연히 보답해야죠."

그러면서 힘들게 공부시켜주고 키워주신 부모님께 치료비 부담까지 지우는 것만은 막고 싶다고 한다. 나는 종신보험이 그럴 때 도움을 주는 것이라고, 인생이라는 긴 여정을 반드시 목적지에 도달할 수 있도록 도와주는 안전장치라고 설명한다. 나중에 경제활동을 할 때 가입하면 되지 않느냐고 묻는 학생에게는 이렇게 설명한다.

"보험가입은 시간이 지나면서 불리해져. 경기관람 시즌권 알지? 시즌권을 미리 사면 할인도 되고 쓸 수 있는 기간도 늘어나니 훨씬 이익이지. 보험도 마찬가지야."

유대인들은 어릴 때부터 종신보험에 가입한다. 그러다 보니 적은 금액으로 큰 보장을 갖게 된다. 유대인들이 부자가 될 수밖에 없는 것은 현재의 부가 다음 세대까지 이어지도록 미리 철저하게 준비하기 때문이다. 자녀들을 위해 안전장치를 마련하고 경제교육까지 철저히 시킨다. 보험선진국이라 불리는 미국은 현재 1인당 평균 10만 달러 정도의 보험에 가입되어 있다. 반면 유대인은 1인당 평균 약 100만 달러 정도의 보험에 가입되어 있다. 유대인의 자손은 인생의 출발점 자체가 다르다. 기초가 튼튼하면 원하는 높이의 빌딩을 마음껏 지을 수 있다. 유대인이 원래 돈이 많은 민족이라서 그런 것이 아니다. 그들의 선조들로부터 이어져 온 보험의 상속플랜이 그들을 부유하게 만든 것이다.

유대인들은 살아서는 '다이아몬드'를 믿고, 죽어서는 '보험'을 믿는다. 이것이 초강대국인 미국의 경제를 틀어잡을 수 있는 비결이다. 우리나라 사람들은 유대인들에 대해 공부를 많이 하지만 정작 그들처럼 행동하지는 않는다. 유대인들의 관점에서 보면 자녀가 미성년일 때 종신보험에 가입하는 것은 당연하다.

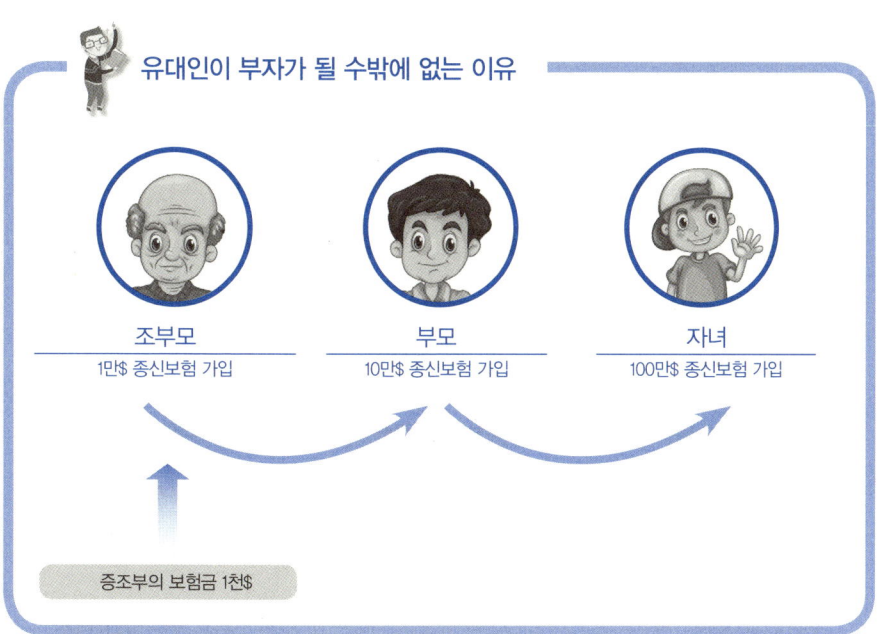

## 2. 완생을 꿈꾸는 미혼 직장인

● **미혼 직장인의 생명보험**

보험 세일즈맨은 미혼 직장인을 대상으로 종신보험을 상담할 때 가장 힘들어한다. 그들은 아주 논리적으로 세심하게 질문한다. 가끔 미혼의 젊은이들이 나에게 이렇게 묻는다.

"진로에 대한 생각이 부모님과 다를 때는 어떻게 해요?"

그럴 때마다 나는 명확하게 이야기한다.

"부모님이 원하는 대로 하면 안 돼요!"

왜냐하면 누구든지 자기 인생의 주인으로 살아가야 하기 때문이다. 부모는 부모 없이 아무것도 못 하는 꼭두각시 자녀를 원하지 않는다. 부모의 말씀을 존중은 하되 최종결정은 본인이 해야 한다. 자신의 생각이 부모의 생각과 다를 때는 부모와 다른 방향으로 가는 것이 정답일 확률이 높다. 부모는 안전한 것 위주로 자녀의 미래를 판단한다. 그러나 안전하고 편안한 현재가 밝은 미래를 보장해 줄까? 절대로 불가능하다. 빠르게 변화하는 세상 속에서 안전을 추구하는 것이야말로 가장 위험한 생각이다.

부모가 자식에 대한 사랑이 지나치면 객관성을 잃기 쉽다. 자신의 생각대로 사는 삶이 궁극적으로는 부모가 바라는 삶이다. 부모의 생각대로 살다 보면 결과가 잘못되었을 때 부모 탓을 하면서 사이가 나빠진다. 결과가 좋더라도 계속 부모에게 의존하며 살아야 한다. 그래서 우리 집 냉장고에는 '우리 집 아이가 아니다'라는 스티커가 붙어 있다. 내자식들을 객관적이고 이성적으로 대하려는 고육지책이다.

종신보험은 평생 스스로 책임지고 가져가야 할 안전장치이다. 그런데 가끔 스스로 결정하지 못하고, 부모님께 물어봐야 한다는 이야기를 들으면 무척 안타깝다. 부모라고 해도 자식의 사망보장을 객관적으로 판단해서 적정 수준을 조언해 주기는 어렵다.

보통 배우자와 자녀가 없을 경우 종신보험이 필요 없다고 생각하는 경우가 많다. 그러나 혼자 살더라도 책임이 전혀 없을 수는 없다. 내가 누군가의 도움으로 성장했으면 보답은 못 하더라도 최소한 피해는 가지 않도록 안전장치를 마련해야 한다. 그 안전장치 중의 하나가 종신보험이다. 사람은 죽는데도 돈이 들어간다. 그래서 미혼이나 고아에게도 종신보험이 필요하다. 예전에 신문기사에 '종신보험 혼수목록'이라는 기사가 난 적이 있다. 사윗감을 고르는 조건을 보면 다음과 같다. 첫째, 남에 대한 배려심이 있어야 한다. 둘째, 건강해야 한다. 셋째, 안정적인 직업과 수입이 있어야 한다. 이 세 가지 조건은 종신보험 가입조건과 정확히 일치한다.


● **미혼 직장인의 생명보험 특징 및 접근방법**

미혼은 대부분 보험에 관심이 없고, 설명을 잘 듣지 않으려고 한다. 그들은 또 대부분 혼자서 어떤 결정을 해본 경험이 없거나 결정하는 데 익숙하지 않다. 그동안 부모가 대신해준 결정이 많다 보니 부모가 시키는 대로만 한다. 따라서 미혼 고객에게 접근할 때는 기본적으로 다음의 3단계를 거쳐야 한다.

1단계로 보험이 필요하다는 생각을 갖고 있으면, 누가 결정하는지를 물어본다. 그래서 본인이 결정한다고 하면 진행을 하되
"부모님께 여쭤보고 할게요."
라고 대답하면 더 이상 진행하는 것이 의미가 없다. 다시 처음으로 돌아간다. 주인의식이 없으면 부모를 만나야 결론이 나기 때문이다. 결정도 못 하는 사람을 괴롭힐 필요는 없다. 2단계로 누구를 위해서 보험을 준비하는지도 물어봐서
"가족을 위해서 준비한다."
라고 대답하면 그대로 진행해도 좋다. 하지만
"나를 위해서 준비한다."

고 대답하면 다시 처음으로 돌아간다. 아직 종신보험의 의미를 정확히 이해하지 못한 것이다.

3단계로 여전히 준비하는 것을 망설이는 느낌이 들면 다시 앞 단계로 돌아가서 종신보험의 의미를 느끼도록 해야 한다. 아직 종신보험의 필요성을 절감하지 못해서 계약을 망설이고 있다면 강력한 클로징으로 계약을 한다고 해도 불안한 상태가 지속될 수밖에 없다. 종신보험은 스스로 결정해서 가족을 위해 준비하는 상품이다. 그렇지 않으면 계약을 해도 오래 유지되지 못한다.

계약을 진행할 때는 논리와 감성을 적절히 활용해서 니즈환기를 해야 한다. 아는 것과 확신을 갖는 것, 그리고 행동으로 실천하는 것 사이에는 큰 차이가 있다. 따라서 너무 다그치지 말고 충분히 본인이 고민하여 결정하고, 필요성에 대한 확신을 가질 때까지 기다려야 한다. 자신에게 관련된 일은 스스로 결정해야 인생을 주도적으로 살 수 있다. 지금까지는 부모의 보호를 받아왔지만 앞으로는 자신이 부모를 보호해야 하는 시기가 왔음을 알려주어야 한다. 모든 부모는 자녀가 인생의 주인공이자 주인으로 살기를 원한다. 그러나 대부분의 자녀는 부모의 꼭두각시 주인공으로 살면서 진정한 주인이 되는 시기를 미룬다. 심지어 그렇게 사는 것이 부모를 위한 것이라는 착각을 한다.

물론 자녀가 독자적으로 결정할 경우 처음에는 부모가 조금 언짢아

할 수도 있고, 가족들이 반대하는 것은 당연하다고 본다. 가족을 위해 종신보험에 가입한 후 집에 와서 자랑했다가 가족의 반대를 극복하지 못하고 청약을 철회한 사례도 많다. 그래서 미혼들과 상담할 때는 미리 가족들이 반대할 수 있고, 왜 반대하는지를 알려주는 것이 좋다. 그래야 이후에 발생할 수 있는 만약의 사태에도 지혜롭게 대처할 수 있다.

● **실제 사례**

〈부모님과 상의해야 해요〉

**세일즈맨**: 지금까지 설명 드린 내용을 잘 이해하셨나요?

**고객**: 네.

**세일즈맨**: 어려운 내용인데 잘 이해하셨다니 다행입니다. 설명을 들어보시니 김 대리님에게 꼭 필요한 상품인가요?

**고객**: 그렇습니다.

**세일즈맨**: 내용을 잘 이해하셨고, 또 필요하다고 생각하시니 지금 결정해도 되겠네요.

**고객**: 잠깐만요! 좀 더 생각해보고 결정하면 안 될까요?

**세일즈맨**: 그럴만한 특별한 이유가 있나요?

**고객**: 부모님과 상의해보려고요.

**세일즈맨**: 어떤 내용을 상의하고 싶나요?

**고객**: 보험은 항상 부모님께서 가입을 결정하셨고 돈 관리를 어머니

께서 하셔서요.

세일즈맨: 하긴 이런 장기적인 지출을 하는 결정을 마음대로 한다면 부모님이 무척 서운하실 수 있겠네요.

〈스마트폰은 제가 결정해요〉

세일즈맨: 오늘 넥타이 색깔이 참 좋습니다. 옷하고 잘 어울리는데 부모님께서 골라주셨나요?

고객: 아니오. 제가 샀는데요.

세일즈맨: 넥타이 고르는 안목이 높으시네요.

고객: 감사합니다.

세일즈맨: 지금 스마트폰 쓰고 계시죠. 잘 사용하나요? 나는 전체 기능의 절반도 사용 못하는데 스마트폰을 어떻게 고르세요?

고객: 인터넷에서 조회해보고, 친구한테도 물어보고 결정하죠.

세일즈맨: 결국은 김 대리님이 혼자 결정하는 거네요.

고객: 그렇죠.

세일즈맨: 요즘 출시되는 신제품은 100만 원 정도 될 텐데 부모님과 상의할 생각은 안 하셨나요?

고객: 이런 걸 어떻게 부모님하고 상의해요?

세일즈맨: 왜 그렇게 생각하세요?

고객: 스마트폰은 복잡하고 계속 바뀌다 보니, 부모님보다 제가 더 잘 알아요.

**세일즈맨**: 내용이 복잡하고 자주 바뀌기도 하고 김 대리님이 더 잘 알고 있어서 스스로 결정하시는군요.

**고객**: 네.

<금융상품을 엄마가 결정하기 힘들겠네요>

**세일즈맨**: 오늘 제가 설명 드린 종신보험은 내용이 간단한가요? 복잡한가요?

**고객**: 쉽지 않던데요.

**세일즈맨**: 그렇죠. 밥 먹고 이 일만 하는 저도 복잡한데 어떻겠어요? 어떤 분은 이야기를 듣다가 머리를 절레절레 흔들면서 나가시더라고요. 김 대리님은 대단한 이해력과 인내심을 갖고 계시네요. 안 그런가요?

**고객**: 아니오. 저도 완벽하게는 이해를 못 했어요.

**세일즈맨**: 간단하지 않은, 그리고 계속 변화하는 금융상품을 부모님이 결정하신다면 마음이 어떠실까요? 존중해주고 상의하는 마음이 고맙긴 하겠지만 부모님에겐 부담으로 느껴질 수도 있지 않을까요?

**고객**: 글쎄요. 그렇겠네요.

**세일즈맨**: 미래를 보고 가는 자식을 위한 상품인데, 자신이 갖고 있는 과거의 정보를 기준으로 결정해야 한다면 큰 부담으로 느껴질 것 같은데요.

**고객**: 그럴 수도 있겠네요.

### 〈주인이면서 주인공으로 살고 싶어요〉

**세일즈맨:** 김 대리님이 큰 수술을 받는다고 하면 누가 보호자가 되죠?

**고객:** 부모님이 되겠죠?

**세일즈맨:** 맞습니다. 당연히 부모님입니다. 그럼 어머니가 큰 수술을 받으시면 누가 보호자가 되죠?

**고객:** 제가 될 수도 있죠.

**세일즈맨:** 맞습니다. 이제는 김 대리님이 부모님의 보호자가 될 수 있는 시기가 되었어요. 지금까지는 김 대리님을 위해서 부모님이 다 해주셨습니다. 아마도 부모님이 가장 사랑하니까 제일 좋게 해주셨을 것입니다. 부모님도 훌륭하시고, 이렇게 부모님을 배려하는 김 대리님도 대단하시네요. 그럼 앞으로도 이런 문제는 부모님과 상의해서 결정하시겠네요?

**고객:** 아니오. 언젠가는 제 스스로 해야겠죠.

**세일즈맨:** 언젠가는 스스로 결정해야 한다고 말씀하셨는데 그때가 언제쯤 올 것 같으세요?

**고객:** 글쎄요. 몇 년 후쯤….

**세일즈맨:** 영화 '슈퍼맨'의 주인공은 누구일까요?

**고객:** 슈퍼맨이요.

**세일즈맨:** 그럼 그 영화의 주인은 누구일까요?

**고객:** 제작사인가요?

**세일즈맨:** 네 맞습니다. 영화의 주인인 제작사는 영화의 제작 여부와 누가 슈퍼맨 역할을 맡을지, 즉 주인공을 결정할 수 있습니다. 김 대리님은 인생이라는 영화의 주인공으로 살고 싶으세요? 주인으로 살고 싶으세요? 또 부모님은 김 대리님이 어떤 역할로 사는 것을 원하실까요?

**고객:** 글쎄요? 둘 다 비슷한 의미 아닌가요?

**세일즈맨:** 맞습니다. 주인공이면서 곧 주인으로 사셔야죠. 부모님께서도 김 대리님이 주인이면서 주인공으로 살기를 원하실 겁니다. 그런데 언제부터 그런 삶을 살기 원하실까요? 지금 결정할 수 있나요?

**고객:** 제가 결정해야겠네요.

〈내 결정에 가족들이 반대하는 이유가 있네요〉

**세일즈맨:** 정말 김 대리님 본인과 가족을 위한 현명한 선택입니다. 이번 선택을 절대 후회하지 않으실 겁니다. 이 결정이 김 대리님의 인생에 중요한 전환점이 될 수도 있습니다. 그런데 추가로 말씀드릴 내용이 있습니다.

**고객:** 뭔데요?

**세일즈맨:** 이 내용을 부모님이나 가족에게 말씀드려야겠죠?

**고객:** 상황 봐서요.

**세일즈맨:** 지금이나 나중에라도 가족에게 꼭 말씀드려서 이 내용을 알고 있도록 하세요. 아주 중요합니다.

**고객:** 잘 알겠습니다.

**세일즈맨**: 그런데 이 내용을 가족에게 말씀드리면 잘했다고 칭찬하는 가족은 거의 없을 겁니다. 가족이 왜 그럴까요?

**고객**: 글쎄요?

**세일즈맨**: 첫 번째는 사랑하는 가족이 아프거나 사망하는 부정적인 상황 자체를 생각하기조차 싫고, 두 번째로 금융상품은 스마트폰과 다르게 부모님도 주변에서 이야기를 많이 듣고 있으며, 과거에 잘못 결정했던 경험도 있기 때문입니다. 김 대리님이 구체적인 내용도 모르면서 성급하게 결정한 것은 아닐까 걱정하시는 거죠. 김 대리님은 지금 결정하신 것이 성급하게 하신 건가요?

**고객**: 그건 아니죠.

**세일즈맨**: 세 번째는 가족을 위하는 내용이 포함되어 있어서 가족들 입장에서는 본인만 잘 되면 되지 우리까지 생각할 필요 없다는, 김 대리님을 위하는 마음입니다. 이제 왜 가족들이 반대할 수밖에 없는지 아시겠어요? 긍정적으로 말씀하시면 다행이지만 반대하시더라도 김 대리님을 사랑하고 배려하는 마음 때문이라고 받아들이시면 됩니다. 나중에는 대부분 이해하시고 대견스러워합니다. 대리님 부모님께 말씀드리시면 어떤 반응일까요?

**고객**: 반대하실 수도 있겠네요.

**세일즈맨**: 미리 생각해보고 말씀드리면 좋을 것 같습니다. 그래도 반대가 너무 심하면 억지로 설득하려고 하지 말고 때를 기다렸다 나중에 하시는 것이 좋습니다. 저는 김 대리님하고 같은 생각이니까 저한테 도

움을 요청하셔도 좋습니다. 계약의 성사여부를 떠나서 부모님을 한번 뵈면 좋을 것 같네요.

**고객:** 감사합니다. 고생하셨어요.

사회 초년생들은 일은 하기 싫고, 모아놓은 돈은 없는데, 가고 싶은 곳, 사고 싶은 것은 많다. 가족에 대한 생각은 머리 속에서 찾기 힘들다. '절대 죽지 않는다.' '보험은 사기다.' '보험은 생각하기도 싫다.' 는 3가지 방지턱을 넘어야 한다. 아직 물들지 않아서 보험으로 물들이기 쉬울 수도 있다. 방지턱은, 넘을 수 없는 사람에겐 걸림돌이지만, 넘을 수 있는 사람에게는 고마운 디딤돌과 같다.

종신보험 세일즈를 하면서 미혼 고객을 계약할 수 있다면 두려워할 대상이 없다. 미혼 고객은 어렵지만 장래의 희망이라 소중하게 생각한다. 젊은 고객층을 확보해서 고객의 평균연령이 유지되어야 롱런할 수 있다.

미혼

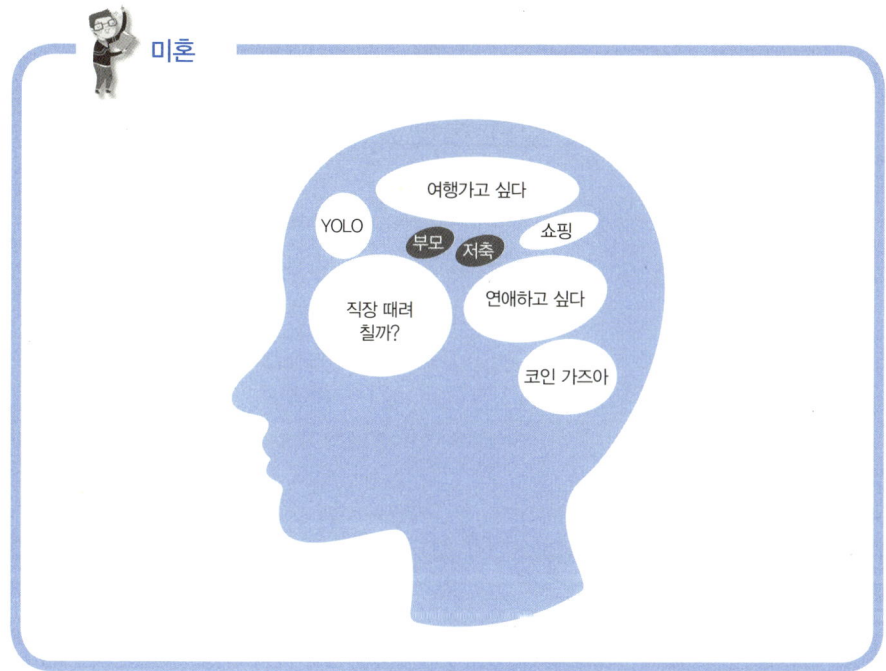

## 3. 세상의 모든 짐을 지고 가는 아빠

● 아빠 생명보험의 의미

종신보험은 집안의 가장인 아빠에게 초점이 맞춰져 있다. 가끔 엄마가 가장 역할을 하는 경우도 있지만, 대부분 아빠가 가정경제를 책임지기 때문이다. 그래서 예전에는 가장의 보장 수준을 먼저 정하고, 배우자는 그와 비슷하거나 절반 정도 수준으로 제안하는 경우가 많았다. 요즘은 아내들도 경제활동을 하고 있으니 각자의 경제적 가치를 고려하여 보장수준을 결정한다.

우리나라에서 종신보험이 급성장했던 요인 중의 하나는 40~50대 남자들의 사망률 증가다. 40~50대를 등산에 비유하면 산 중턱을 지나는 지점이다. 정상까지 가기 위해서는 잠깐 쉬었다 가야 하는데, 그 시기에 밑에서는 치고 올라오고 위에서는 짓눌리다 보니 과로로 쓰러지는 경우가 많다.

얼마 전 신문에 세 모녀가 자살한 안타까운 기사가 나왔다. 아빠가 방광암으로 사망했는데, 사망 전에 병원비를 딸의 신용카드로 결제했다. 그 비용을 해결하지 못한 딸은 신용불량자가 되었고, 엄마는 식당 일을 하면서 가정을 어렵게 꾸려갔다. 그런 상황에서 엄마까지 다치게 되자 더 이상 살아갈 방도가 없었던 것이다. 결국 세 모녀는 공과금과 임대료가 밀려 죄송하다는 편지를 돈과 함께 봉투에 넣어놓고 자살하고 말았다. 한 번뿐인 인생인데 자녀들에게까지 피해를 주고 떠나는 아빠의 마음이 어떠했을까. 이렇게 어려운 사람들에게 종신보험은 더욱 절실히 필요하다.

가정경제를 책임지는 가장이 갑자기 사망하면 남겨진 배우자가 경제적 손실을 감당하기 힘들다. 결국 그 충격은 자녀에게 갈 수밖에 없다. 국가가 책임질 수 없는 상황에서 대한민국의 가장은 살아서도 죽어서도 자유로울 수가 없다.

● **아빠 생명보험의 특징 및 접근방법**

아빠들은 가족의 모든 짐을 혼자 지고 갈 것처럼 큰소리를 친다. 그러나 현실은 그렇지 못하다. 우리나라 남자들의 40~50대 사망률이 높다 보니 종신보험 가입을 고민하는 아빠들이 많다. 하지만 곧 아내의 잔소리에 맞닥뜨린다. 가뜩이나 경제적으로 어려운데 왜 쓸데없이 지출을 늘리려고 하느냐는 것이다. 아빠 입장에서는 내가 가족들에게 선물로 준비하는 것인데 가족들이 반대하니까 곧 포기해 버린다.

그래서 아빠의 종신보험은 부부가 함께 상담을 받도록 유도해야 한다. 어떤 보험 세일즈맨은 부부가 함께 참석하지 않으면 상담을 진행하지 않는 경우도 있다. 종신보험은 가족 전체와 관련된 내용이기 때문이다. 아빠의 종신보험을 엄마의 니즈로만 진행할 경우

"내가 죽은 다음에 누구 좋은 일 시키려고 가입하나?"

는 아빠의 반대에 부딪히고, 아빠의 니즈로만 진행할 경우엔 지출부담 때문에 엄마의 반대에 부딪힌다.

아빠가 본인의 종신보험을 진행할 때는 다음과 같이 이야기한다.

"지금까지 제가 설명 드린 내용에 공감하신다면 다음 상담 시에는 아내분과 같이 들으셔야 합니다. 말씀드린 것처럼 자녀들의 꿈, 아내의 노후와 관련되어 있기 때문입니다. 이런 내용을 아내분이 이해하지 못한 상태에서 반대하시면 아빠들이 상처받고 포기하는 경우가 많습니다. 종신보험과 관련하여 아빠가 생각하는 것과 엄마가 생각하는 것에 차이가 있을 수도 있고요."

엄마가 아빠의 종신보험을 진행할 때는 다음과 같이 이야기한다.

"가장인 아빠의 보장은 정말 중요합니다. 아빠는 지금 혼자서 큰 짐을 지고 가고 있습니다. 종신보험은 그 부담을 덜어주어서 어깨를 가볍게 해주는 플랜입니다. 그런 아빠의 사망보장을 아빠가 이해하지 못

하면 괜한 오해를 사는 경우가 종종 있습니다. 제가 객관적인 입장에서 설명해드리면 어떨까요? 종신보험이 꼭 죽어서만 나오는 것이 아니라 살아있을 때 본인도 지켜주고 아이들과의 약속도 지킬 수 있다고 말이죠. 계약을 하는 것은 당장 결정하지 못해도 남편분과 함께 이야기를 들어보는 것은 결정하실 수 있지 않나요?"


● 실제 사례

"어휴~, 얘! 동네 창피하게 왜 팬티도 안 입고 돌아다니니?"

"싫어. 나 팬티 안 입을 거야!"

"아니, 왜 팬티를 안 입어? 빨리 와서 팬티 입어!"

"그럼 입긴 입는데, 바지 위에 입을 거야."

"너 미쳤니? 왜 팬티를 바지 위에 입어?"

"할머니! 할머니는 슈퍼맨 못 봤어? 슈퍼맨은 바지 위에 팬티를 입잖아."

"네가 슈퍼맨이야? 왜 팬티를 바지 위에 입어?"

종신보험에 가입한 어느 아빠의 보험증권을 전달하러 가서 보게 된 할머니와 7세짜리 손자의 대화였다. 팬티는 치부를 가려 창피할 일을 막아주는 기본적인 옷이다. 저축성 상품이 화려한 겉옷이라면 종신보험은 팬티와도 같다. 가장 먼저 준비해야 되는데 대부분 다른 것들을 먼저 준비하고 나서 여유가 생기면 한다고 한다. 팬티를 바지 위에 입을 수 있는 사람은 오직 슈퍼맨뿐이다. 가족을 책임지는 아빠들은 종신보험을 제일 먼저 준비해야 한다. 팬티를 제일 먼저 입어야 하는 것처럼.

**세일즈맨:** 차장님은 무척 바쁘시죠? 저도 바쁜 편인데 저보다 더 바쁘신 것 같네요. 바쁘게 사시는 분은 계속 달리는 자동차와 같습니다. 차장님도 달리는 자동차 같다는 생각을 해보신 적은 없으신가요?

**고객:** 그냥 자동차가 아니라 브레이크가 없는 자동차죠.

**세일즈맨:** 항상 파란불만 있어야지 빨간불에서 기다리면 초조하신가요?

**고객:** 좀 불안하죠.

**세일즈맨:** 그렇게 사시는 분들이 나중에는 내가 무엇 때문에 이렇게 정신없이 달려왔는지 모르겠다고 말씀하세요. 인생에서 소중한 것을 다 지나치고 달려만 왔는데 왜 빨리 왔는지 모르는 거죠. 인생은 딱 한 번뿐인데 그렇게 살아서는 안 될 것 같다는 생각이 듭니다. 차장님은 어떠신가요? 사막에서 멀리 가려면 오아시스에 자주 들러야 한답니다. 오아시스에 들러 과거도 돌아보고 미래 계획도 세우고 에너지도 충전시키고 정보도 얻고 해야지 바쁘다고 지나치면 얼마 가지 못해 탈진해 쓰러지겠죠?

**고객:** 이론적으로는 맞는 이야기인데 현실에서는 그렇게 쉰다는 것이 불가능하죠.

**세일즈맨:** 요즘 자동차 가격이 많이 비싸졌죠? 이것저것 하면 5천만

원이 넘죠?

**고객:** 그 정도 하죠.

**세일즈맨:** 만약 차장님이 5천만 원이 너무 부담되어 고민하고 있는데, 자동차딜러가 다음과 같이 제안합니다. 자동차는 어차피 달리기 위한 것이니 달리는데 불필요한 부품을 빼고 싸게 드리겠습니다. 범퍼, 사이드미러, 에어백, 안전벨트, 브레이크 등은 달리는 데는 불필요한 부품입니다. 그 비용이 1천만 원 정도 되니, 5천만 원짜리 차를 1천만 원 할인해서 4천만 원에 구입하라고 하면 차장님은 사시겠어요?

**고객:** 미치지 않고서야 그런 차를 누가 사겠어요?

**세일즈맨:** 이런 부품들은 자동차가 달려가는 중에 신호등의 빨간불이 켜지거나 갑자기 장애물을 만났을 때, 즉 비상사태가 발생했을 때 필요한 제동장치와 안전장치들입니다. 자동차에도 안전을 위해 필요한 비용이 최소한 10~20% 정도 들어갑니다. 차장님 연봉이 1억 원이고 앞으로 20년 일한다고 볼 때 총수입이 20억 원 정도 되잖아요? 차보다 몇 십 배 중요한 20억 원의 가치를 갖는 차장님께서는 본인의 안전장치를 위해 어느 정도 투자하시나요? 10% 정도는 돼 있으세요?

**고객:** 생각해보니 안전장치가 거의 안 되어 있는 상태네요.

**세일즈맨:** 저는 차장님께서 한 번뿐인 인생을 안전하게 살아갈 수 있는 안전장치에 대해 말씀드리고 싶습니다. 평소에는 너무 바빠서 잊고 지내는 것들이거든요. 혹시 관심이 있으신가요?

〈자녀들의 꿈 지킴이〉

만약 이 증서가 필요하게 될 경우에는, 한솔이에게는 바이올린을.. 다솔이게 첼로를..

선물하고 싶은 것이 아빠의 소원이다. 덧붙여서 우리 가족이라면 누구나 한 분야에서 전문가가 되었으면 한다. 한솔이는 다솔이를 잘 돌보아 주길 바란다.

-사랑하는 아빠가-

음악을 좋아하는 자녀들에게 학원 강사인 아빠가 종신보험에 가입하면서 작성한 글이다. 아무 일이 없으면 돈을 벌어서 악기를 사줄 것이고, 혹시 아빠에게 문제가 생기면 보험금으로 악기를 구입하라는 의미이다. 실제로 아빠의 보험금으로 구입한 악기로 공부를 한다면, 아빠를 생각하며 더 열심히 하게 되지 않을까? 현재 자녀들은 음대를 졸업한 후 해외 유학 중이다. 물론 아빠도 건강하게 살아 있다.

다음은 미국 UCLA의 89년도 졸업식장에서 있었던 일이다. 그 해 수석 졸업생은 수잔이라는 여학생이었다. 기자들이 인터뷰를 하던 중 한 기자가 아버지는 어떤 일을 하고 있으시냐고 물었다. 수잔이 대답했다.

"아버지는 제가 여섯 살 때 돌아가셨습니다. 그러나 저를 키워준 것은 바로 아버지였습니다."

기자는 이해가 가지 않아서 무슨 뜻인지 다시 물었다. 이야기인

즉, 아버지께서 사망하기 전 가입해 두었던 사망보험금으로 생활비와 학비를 충당했다는 것이다. 그리고 그 보험의 증서에는 수잔에게 아버지로서의 도리를 다할 것이고 어쩔 수 없는 상황이 되면 보험증서가 수잔을 지켜줄 거라는 메모가 있었다고 한다. 수잔은 힘들 때마다 항상 아버지가 남긴 말을 생각했고 결국, 최고 명문대 수석졸업이라는 영광을 안게 되었다. 끝으로 수잔은 다음과 같은 말을 남겼다.

"아버지가 얼마나 저를 사랑했는지 지금도 생생히 느끼고 있습니다."

종신보험은 자녀들의 꿈이자 아빠의 사랑이다.

### UCLA 89년 수석 졸업생의 이야기

> "수잔, 네가 성인으로 성장할 때까지 나는 아버지로서의 도리를 다 할 것이다. 하지만 불의의 사고나 질병으로 그 도리를 다하지 못하게 되었을 때는 이 증서가 나를 대신하여 너를 지켜 줄 것이다. 그러므로 너는 어떠한 상황에도 굴하지 말고 바른 사람이 되어 주길 바란다."
> ♡사랑하는 아버지로부터~

## 4. 보험의 방관자이며 종결자 엄마

● 엄마 생명보험의 의미

전업주부에게도 종신보험이 필요할까? 만약 엄마가 없다면 어떤 일이 벌어질까? 우선 아이를 돌보는 사람을 고용하거나 돈을 주고 아이를 어딘가에 맡겨야 한다. 청소, 빨래, 요리는 파출부를 불러서 해결해야 한다. 결국 돈이다. 요즘은 전업주부의 가사노동 관련 경제적 가치를 인정해주는 추세다. 주부이면서 경제활동까지 하는 엄마가 많다. 그래서 엄마의 종신보험은 경제적 가치에 상응하는 수준으로 준비해야 한다.

주부들은 본인들이 경제적 가치가 있다고 주장하지만, 정작 그 가치를 지키는 행동은 하지 않는다. 그러다 보니 건강할 때도 가치를 인정받지 못 하고 몸이라도 아프면

"하는 일 없이 집에 있으면서 도움이 안 된다."

는 말을 듣고 상처받는다. 스스로 자신의 가치를 지키고 가족에게 짐을 넘기지 않으려면 종신보험을 준비해야 한다.

엄마의 보험은 태아보험, 어린이보험, 교육보험 등에 밀리기 쉽다. 지금까지는 남편의 보장을 선택할 때 그냥 따라서 하는 정도였다. 엄마의 보험은 경제적 가치에 비해 상대적으로 보장이 부족하다. 종신보험은 노후에 의료비 보장자금으로도 활용할 수 있기 때문에 남편보다 장수하는 엄마의 든든한 버팀목이 된다.

### ● 엄마 생명보험의 특징 및 접근방법

이 세상에서 가장 강한 사랑은 모성애다. 그래서인지 엄마들은 자녀에게 끝없이 주고도 너 못 줘서 안달이다. 보상을 선택할 때도 마찬가지다. 자기를 위한 것이라고 하면 떨떠름하다가도 자녀를 위한 것이라고 하면 아주 긍정적으로 변한다. 사실 남편의 보장을 가장 먼저 선택하고, 두 번째는 자녀들에게 양보하다 보니 엄마의 보험은 항상 3순위로 밀린다. 따라서 엄마들에게는 본인의 종신보험이 자녀들의 부담을 줄여주고 최종적으로 자녀들에게 남겨줄 수 있는 자산이 된다는 것을 강조해야 한다.

자산이 많은 가정은 상속세를 걱정한다. 종신보험은 상속세 재원 마련의 목적으로도 유용하다. 그런 목적이라면 엄마가 아빠보다 더 큰 보장을 준비해야 자산을 지킬 수 있다. 여자는 평균수명이 남자보다 길고 대체로 남편보다 젊다. 그래서 남편이 먼저 사망하는 경우가 많다. 배우자가 없으면 상속세를 계산할 때 배우자 공제를 받을 수 없기 때문에 세금부담이 커진다. 그래서 자산을 지키기 위한 목적으로 종신보험에 가입할 때 부부가 같은 보험료로 가입하면 엄마의 보장금액이 남편의 1.5배 정도 된다.

● **실제 사례**

**세일즈맨:** 아빠의 보장을 준비했으니 엄마도 준비하셔야죠?

**고객:** 전 암보험이랑 몇 가지 들어 놓은 보험이 있어서 종신보험까지는 필요 없어요. 주로 아빠가 돈을 버니까 내가 없어도 가족들이 사는 데는 큰 문제 없어요.

**세일즈맨:** 종신보험은 꼭 죽은 다음에만 나오는 것이 아니고, 어머니를 평생 보호해 주는 역할을 합니다. 제 어머니도 요양원에 계셨어요. 만약 제 어머니가 큰 병에 걸리셔서 병원 치료비로 3억 원이 나온다면 제가 그 치료비를 감당할 수 있을까요? 쉽지 않습니다. 그런데 어머니가 3억 원의 종신보험을 갖고 계시면 제가 대출을 받아서라도 좋은 치료를 해드릴 것입니다. 언젠가는 반드시 3억 원이 지급되니까요. 그러면 저도 행복하고 어머니도 뿌듯하실 겁니다. 종신보험은 보장금액만큼 보호받을 수 있어서 경제적 부담이 자녀에게 넘어가는 것을 막아줍니다. 결국 자녀에게 남겨주는 선물입니다. 보장의 용도로 활용할 필요가 없다면 연금으로 전환해서 노후자금으로 활용하면 됩니다. 이렇게

다용도로 활용할 수 있는 종신보험을 미리 준비해 놓으면 나중에 후회하지 않습니다.

**고객:** 그래요? 제가 생각했던 종신보험하고 다르네요.

다음은 라디오에 소개된 사연이다.

"저는 작은 회사에 다니는 남편과 두 딸을 둔 50대 후반의 주부입니다. 지금까지 저의 역할은 남편을 출세시키고 아이들 공부시켜서 좋은 대학에 다니게 하는 것이라고 생각해 왔습니다. 그러다 보니 엉덩이 한 번 제대로 땅에 붙여볼 시간 없이 바쁘게 살아온 기억밖에는 없네요.

남편은 남편대로 아이들은 아이들대로 다들 잘 되있는데, 쉰 살 후반인 제가 백혈병에 걸렸습니다. 백혈병이라는 말에 남편은 새파랗게 질린 모습으로 망연자실 나를 바라보고 애들은 매번 제 얼굴을 볼 때마다 웁니다. 그 눈물에 우리가 한 가족임을 실감했습니다. 몸은 견딜 수가 없도록 아프지만 그간의 나의 희생이 결코 헛되지 않았다는 생각과 내 가족들이 있다는 생각에 행복했습니다.

하지만 두 달, 석 달이 지나면서 남편의 얼굴에서 지친 모습이 보입니다. 때론 짜증스런 표정도 보이고요. 아이들도 자기 생활이 바쁘다며 종일 혼자 있어야 할 때도 생기네요. 이제 8개월째. 남편의 귀가시간은 점점 늦어집니다. 가족을 위해 열심히 살았던 제 자신에 대해 처음으로 어리석었음을 느낍니다. 이제 혼자입니다. 다들 자기들의 일과 앞날만을 위하여 여전히 부지런히 살고 있지만, 저는 혼자입니다."

사연 속의 주부가 종신보험에 가입했다면 어땠을까? 종신보험은 마지막 순간까지 자신의 가치를 지킬 수 있는 방패다. 본인이 아플 때는 여명급부나 간병비로 할인하여 쓸 수도 있다. 자식이 마음에 들면 자식에게 넘겨주고, 자식이 마음에 안 들면 손자나 복지단체에 기부할 수도 있다. 자신의 가치를 담보로 제공하는 까닭에 누구의 눈치도 보지 않고 마음대로 할 수 있다.

다음은 10세 아들을 남겨두고 떠난 30대 엄마의 실제 사례이다. 그 고객은 유방상피내암 진단을 받아서 치료하여 완치됐다가 6년 후 재발하였다. 재발된 것을 알았을 때는 이미 암이 골반과 간까지 전이된 상태였다. 너무 많이 전이되어 더 이상 항암 치료가 무의미하다는 판정을 받고 병원 치료를 중단했다. 치료 중에 막대한 병원비로 인해 힘들어해서 재빨리 여명급부를 신청했다. 다행히 신속한 진행으로 필요한 시점에 여명급부금이 고객에게 지급되었다.

그 후 입원과 퇴원을 반복하면서 잘 지내나 싶었는데, 여명급부금이 지급되고 1년쯤 지난 어느 날 아침, 남편이 울먹이는 목소리로 사망 소식을 전해왔다. 장례식장에서 열 살짜리 아들을 만났다.
"아저씨는 네가 세 살 때부터 7년 동안 봐왔단다. 엄마는 너를 무척 사랑하셨어. 어디에선가 항상 지켜봐 주고 계실 거라고 믿지?"
아이는 말없이 고개를 끄덕였다. 그런 경황이 없는 상황에서도 나에게 고마움을 표현하는 고인의 가족이 힘겹게 살아갈 앞날을 생각하니 가슴이 아팠다.

항상 고객들에게 말하는 것이 있다. 사랑하는 감정은 시간이 지나면 잊혀지지만, 경제적인 문제는 시간이 지나면서 현실로 다가온다고! 그런데 요즘은 그 반대일 수도 있겠다는 생각이 든다. 보험금은 시간이 지나면 다 소진되지만, 보장을 통해 전달된 가족 사랑의 의미는 오래오래 이어진다.

## 5. 몸값에 목숨 거는 전문직 종사자

● **전문직 종사자의 생명보험 의미**

편의점 사장과 소아과병원 원장 중 누구에게 종신보험이 더 필요할까? 편의점 사장이 갑자기 사망하면 배우자나 자녀가 그 자리를 대신할 수 있다. 가족이 할 수 없다면 아르바이트를 고용할 수도 있다. 그러나 어느 병원의 원장이 갑자기 사망하면 상황이 다르다. 의사의 역할을 배우자나 가족이 대신할 수 없다. 안정적이던 수입이 갑자기 절벽처럼 뚝 끊긴다. 전문직이라서 더욱더 그렇다. 평소 고소득을 올리던 전문직들이 사망하면 가족들이 겪는 경제적 고통은 생각보다 훨씬 심각하다. 일을 못 하면 수입이 끊기는데 지출은 줄지 않는다. 몇 년 동안 투병하다가 사망하면 전문직일수록 의료서비스에 대한 기대수준이 높아서 재산이 급속히 줄어든다. 따라서 종신보험은 편의점 사장보다 소아과병원 원장에게 훨씬 더 필요하다.

### ● 전문직 종사자의 생명보험 특징 및 접근방법

전문가는 몸값이 재산이다. 그들은 자신의 가치를 높이기 위해 많은 투자를 한다.

편의점 일은 다른 사람으로 대체할 수 있다. 한 번도 안 해본 아르바이트 업무도 매뉴얼을 읽거나 설명을 들으면 바로 할 수 있다. 그러나 의사 일은 아르바이트를 시킬 수 없다. 자격증이 없는 사람이 일을 대신하면 처벌받는다. 자격증을 빌려줘도 안 된다. 반드시 본인이 직접 해야 한다. 결국 전문직은 자기를 어떠한 것으로도 대체할 수 없다. 그동안 많은 돈을 투자해서 힘들게 얻은 전문직의 가치가 갑자기 사라진다면 어떨까?

종신보험은 전문직 종사자의 가치가 갑자기 추락하는 것을 막아준다. 전문직은 직업의 안정성이 확보되고 수입도 증가할 가능성이 높다. 그래서 본인의 의지와 상관없이 발생하는 문제만 대비하면 가치가 증가한다. 종신보험은 확실한 것을 더욱 확실히 지켜준다. 내가 5억 원 종신보험에 가입하면 언젠가는 5억 원을 받는다. 만약 나에게 무슨 일이 발생하면 미리 5억 원을 확보할 수 있는 선취자산이다. 결국 종신보험은 본인이 관리할 수 없는 경제적 역할을 대신해준다.

### ● 실제 사례

〈45세, 회계사〉

**세일즈맨**: 회계사님은 남들이 부러워하는 전문직입니다. 앞으로 열심히 살아서 더 올라갈 곳이 있으신가요?

**고객**: 글쎄요, 큰 욕심 부리지 않으면 더 올라갈 곳은 없어요.

**세일즈맨**: 회계사는 정년이 없으시니까 오래 일하시죠? 연봉을 1억 원으로 계산하고 30년 일하신다고 보면 앞으로 벌 수 있는 수입이 30억 원 정도가 되네요. 이것이 바로 회계사님의 몸값입니다. 그런데 30억 원의 몸값이라면 30억 원의 부채도 갖고 계시다는 걸 알고 있으신가요?

**고객**: 내 부채가 30억 원이라고요?

**세일즈맨**: 사람들은 은행 대출만 부채로 생각합니다. 회계사님 수준의 평균적인 기대치로 계산해본다면 자녀가 둘일 때 대학, 유학까지 생각하고 남들만큼 결혼준비도 해준다고 가정하면 한 명당 5억 원 정도로 해서 총 10억 원 정도 됩니다. 배우자의 노후준비로 최소 5억 원 정도, 각종 대출금 5억 원, 의료비와 생활비 기대치는 10억 원 정도 예상됩니다. 이와 같이 앞으로 회계사님이 버는 만큼 쓰여지도록 계획됩니다. 이런 정도의 비용은 앞으로 회계사님이 벌어서 충분히 해결할 수 있는데, 중간에 그 역할을 못 하게 되면 그만큼 부채로 남습니다. 그렇게 생각해 보면 회계사님의 몸값 30억 원 중 전부는 아니겠지만 상당 부분은 부채가 됩니다.

**고객**: 듣고 보니 일리가 있는 이야기네요.

**세일즈맨**: 몸값이 10억 원인 사람은 10억 원, 20억 원인 사람은 20억

원에 지출수준이 맞 춰집니다. 어느 날 사망하거나 일을 못 하게 되면 이 모든 비용이 부채가 되어 돌아옵니다. 저는 회계사님이 본인의 의지와 상관없이 가족에게 부채를 남기고 갑자기 떠나게 되는 경우에 대비할 수 있는 확실한 솔루션을 갖고 있습니다.

**고객:** 종신보험을 다시 한번 검토해 봐야겠네요.

〈50대, 의사〉

"여보! 내가 살아있는 것 같아?"

"그럼 살아있지 죽었어요?"

"암이 폐와 뇌까지 뒤덮고 있는데 어떻게 살아 있다고 할 수 있겠어? 내가 이렇게 버티고 있는 건, 내가 떠난 다음에도 당신이 현재의 삶을 이어갈 수 있도록 자리 잡는 모습을 보기 위해서야."

평소 건강하던 50대 의사는 어느 날 몸에 이상을 느껴 검사를 받았다. 검사결과 암이 폐와 뇌까지 전이되었다는 진단을 받았다. 의사였던 그는 가능한 모든 인맥과 방법을 동원하여 자료를 조사한 후 치료를 포기하겠다는 결단을 내렸다.

의사는 진료를 하지 않는 순간부터 수입이 끊긴다. 쓰는 돈을 아무리 줄여도 10%, 15%가 고작이다. 이미 커져 있는 지출은 여간해서 줄어들지 않는다. 풍족하던 자산은 급격히 줄어들어 곧 바닥이 드러났다. 그러던 중, 종신보험의 사망보험금에서 여명급부금으로 절반을 선지급 받을 수 있음을 알게 되었다. 떠날 사람과 살아가야 할 가족을 배려한 제도라고 했다. 사망보험금을 다 받아서 치료비로 쓰면 남은 가족들에게 미안하고, 모두 남겨주면 남은 가족들이 먼저 떠난 사람에게 미안한 마음을 가질 수 있는 상황에서 서로를 배려할 수 있는 '황금의 절충선'이었다. 이 이야기는 함께 근무하는 동료의 남편 사례이다.

종신보험은 적금과 달리 선취자산이다. 납입기간이 끝나지 않아도 경우에 따라 미리 가입금액을 지급받을 수 있다. 대부분 자신의 몸값만큼의 부채를 갖고 있기 때문에 그 부채를 미리 해결하기 위해서는 종신보험이 필요하다. 안정적으로 수익률을 확보하는 투자자산으로도 종신보험이 유용하다. 돈을 모아서 만드는 후취자산으로 70% 정도 보유하고 선취자산은 30% 정도 보유하면 좋다.

● **몸값을 지켜주는 마술링**

"잡고있는 링을 그냥 놓으면 링은 바닥으로 떨어집니다. 어렵게 높여온 몸값이 마이너스가 되는 것이죠. 죽는 데도 돈이 듭니다. 그러나 수입의 10%를 저에게 맡겨주시면 바닥으로 떨어지는 것을 막을 수 있습니다. 마술링이 떨어지지 않는 것처럼."

전문직의 경우에는 자신의 가치와 자산이 계속 증가할 수 있기 때문에 미리 증가할 수준만큼을 준비해야 한다. 전문가로서 자신의 가치를 지킬 수 있도록 도와주는 것이 종신보험이다.

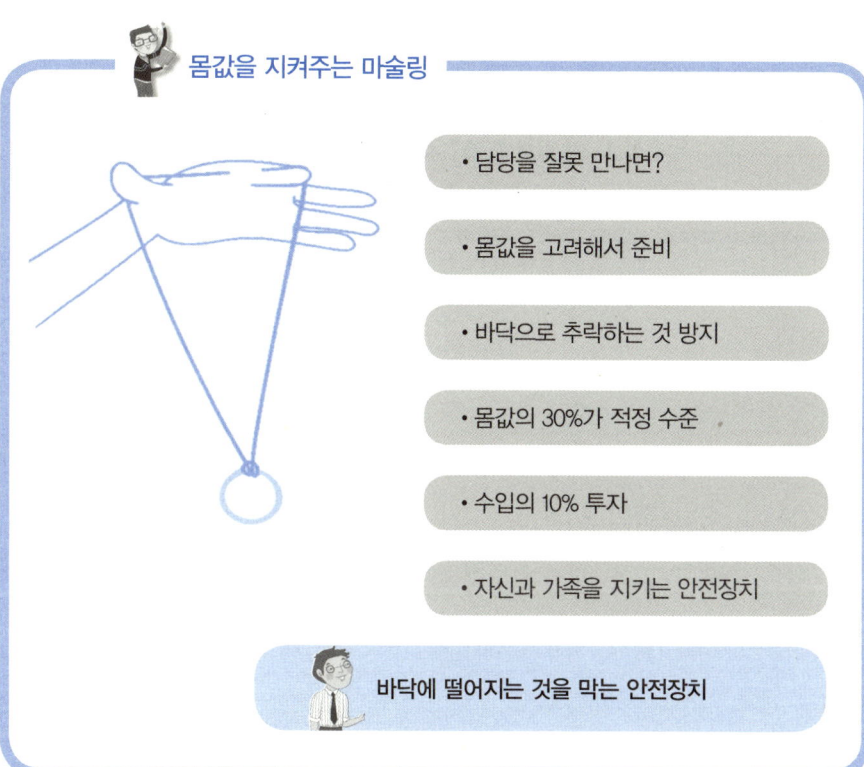

# 6. 독이냐 득이냐 상속증여 자산가

● **자산가 생명보험의 의미**

자산가들에게 가장 큰 리스크는 상속세이다. 100억 원의 가치를 지닌 건물일지라도 상속세 때문에 경매로 넘어갈 수 있다. 경매에서 몇 번 유찰된 후 낙찰되면 세금을 내고 남는 것이 없다. 상속세를 납부하기 위해 회사의 지분을 처분하면 회사의 소유권이 넘어가는 경우도 많다. 일반적으로 사망 시에는 의료비와 세금으로 자산의 30% 정도가 비용으로 발생하는데, 이 비용을 해결하기 위해 자산의 30% 수준만큼을 종신보험으로 준비하면 가장 효과적이다. 100억 원의 부동산이 있는 자산가에게 30억 원의 보장금액이 있으면 현금으로 30억 원이 준비된 것이나 마찬가지니 상속에 아무런 문제가 없다.

일본은 200년 이상 된 기업이 3천 개가 넘고, 100년 이상 된 기업은 2만 개 이상이라고 한다. 우리나라와는 비교가 안 된다. 2002년 3월 8일 한국경제신문에 나온 'CEO의 생명보험'이라는 기사를 보면 일본의 어떤 CEO가 300억 원의 종신보험에 가입한 사례가 나온다. 회사의 영업이익이 300억 원이므로 300억 원 수준에 맞는 안전장치가 있어야 회사에 문제가 생겼을 때 회사를 지킬 수 있다는 것이다. 보장의 크기는 본인의 경제적 가치, 유고 시에 공백을 메울 수 있는 수준이어야 한다. 우리나라도 몇 백억 원의 보장수준 시대가 곧 올 것이다.

● **자산가의 생명보험 특징 및 접근방법**

종신보험은 현재는 없는 재산을 살면서 미리 만들어 줄 수 있다. 예를 들면 내가 아들에게 10억 원을 당장 줄 수는 없지만, 10억 원의 종신보험에 가입하고, 수익자로 아들을 지정하면 가능하다. 사람들은 부동산, 주식, 예금 그리고 가족을 남긴다. 여기에 보장자산으로 종신보험을 추가하여 남길 수 있다. 부채를 남길 경우에도 보장자산이 가족들의 고통을 막아줄 방파제 역할을 한다.

강남에 거주하는 30대 외아들이 75세 아버지로부터 건물을 상속받으려는 과정에서 상담한 사례이다.

30억 원이 넘는 상가를 상속받을 상황인데 일반 급여생활자이다 보니 병원비, 세금 등의 비용을 감당할 엄두를 내지 못했다. 상속을 받더라도 세금 등의 부대비용이 부족하면 30억 원 상가를 급매로 내놓아야 하고, 헐값에 팔리면 건물이 없어질 수도 있다. 이럴 때 10억 원의 종신보험이 있다면 병원비와 다른 비용을 다 해결하고 30억 원짜리 상가를 고스란히 물려받을 수 있다. 준비 없이 건물을 물려주면 받으면서도 골칫덩이를 받았다고 생각한다. 자식에게 주려면 준비해서 의미 있게 깔끔하게 물려주어야 한다.

"아버지에게 10억 원 종신보험이 있었으면 참 좋겠네요."

이렇게 말하는 아들에게 나는 다음과 같이 말해주었다.

"앞으로 몇 십 년 지나면 고객님의 자녀도 똑같은 고민을 할 겁니다."

자산의 상속비용을 위한 생명보험은 물려주는 자산의 30% 수준으로 준비하면 된다. 하지만 받은 만큼을 다시 다음 대에 물려주고 싶다면 물려받는 금액만큼 보장금액을 준비해야 한다. 30억 원의 건물을 상속받았는데 매월 약 1천만 원의 수입이 발생한다면 월수입 중 절반만 종신보험에 투자하면 30억 원 정도의 보장을 준비할 수 있다. 그러면 어떤 경우에도 30억 원이 다음 세대로 넘어간다. 그 보장만 유지할 수 있으면 모든 재산을 탕진해도 된다. 그 정도까지는 아니더라도 최소한 물려받는 자산의 30% 수준의 종신보험에는 가입해야 자산을 안전하게 지킬 수 있다.

● **실제 사례**

배우자와 딸, 아들을 둔 100억 원대 자산가가 갑자기 사망했다. 두 자녀에게 30억 원씩 총 60억 원, 배우자에게 40억 원을 배분했다. 그런데 갑자기 어디선가 숨겨둔 자식이 나타났다. 숨겨둔 자식은 자기 몫인 30억 원을 달라고 계속 떼를 쓴다. 그래서 조금만 기다려달라고 사정을 했지만 그걸 어떻게 믿겠냐며 당장 내놓으라고 매일 채근했다. 숨겨진 자식의 정체가 누구일까? 바로 국세청이다. 자산을 상속할 때 30% 정도는 세금으로 내야 한다.

상속 증여세 과표가 30억 원이 넘으면 50%를 세금으로 납부해야 한다. 그런데 1%만 투자한다면 그런 고민에서 벗어날 수 있다. 100억 원의 1%는 1억 원이다. 연 보험료 1억 원으로 생명보험에 가입하면 약 40~50억 원 보장에 가입할 수 있다. 그 금액을 국세청 몫으로 준비를 해놓으면 세금을 걱정할 필요가 없다. 일찍 가입하면 1년에 5천만 원으로도 50억 원짜리에 가입할 수 있는데, 미루다가 너무 늦게 가입하면 1년에 2억 원의 보험료가 필요하다.

예를 들어 어떤 자산가가 15억 원을 그냥 금융자산으로 놔둘 경우 한계 세율이 50%인 경우 7억5천만 원이 자녀에게 상속된다. 그런데 15억 원을 납입하여 생명보험 20억 원짜리에 가입할 경우 절반을 세금으로 내도 7억5천만 원보다 2억5천만 원이 많은 10억 원을 자녀들이 받는다. 그런데 자녀들에게 소득이 있어서 보험료를 자녀가 납입하는 경우에는 15억 원을 내고 20억 원이 세금부담 없이 그대로 상속된다.

결과적으로 7억5천만 원보다 12억5천만 원 많은 20억 원을 자녀들이 상속받는다.

　50대 초반의 150억 원 자산을 가진 고객이 아들 2명에게 자산을 물려주고 싶다고 했다. 그러나 아무리 생각해도 종신보험 외에는 방법이 없었다. 월세가 1,200만 원 나오는 오래된 상가를 기준시가로 평가해서 증여세를 납부하고 두 아들에게 증여했다. 월세 1,200만 원으로 아버지의 종신보험을 두 명의 아들이 계약자, 납입자, 수익자로 하여 각각 20억 원씩 가입할 수 있었다. 12억 원의 보험료를 납입하고 20억 원씩 총 40억 원이 상속세 하나 없이 자녀에게 상속되는 시스템을 마련했다. 자산은 늘리는 것만큼 지키는 것도 중요하다. 상속 문제는 갑자기 발생하기 때문에 조세 저항도 심하다. 그래서 국세청에서는 국세청 절세 가이드에도 상속세 납부를 위해 종신보험 가입을 추천한다.

　자산가들은 상속·증여를 하면서 독이 될까 득이 될까를 고민하다 독을 물려준다. 자산은 나눠주거나, 그냥 놔두거나, 준비하거나를 선택해야 한다. 준비하지 않으면 물려주지 않는 것이 나을 수도 있다. 의미 있게 준비하는 상속·증여 수단으로 종신보험이 최고다.

 상속

놔두거나
나눠주거나
준비하거나

## 7. 사망 이후를 생각하는 종교인

● 종교인 생명보험의 의미

죽음이 다가와야 가치가 실현되는 3가지가 있다. 효도, 종교, 종신보험이다. 사람들이 부모에게 효도하라고 하는 이유는 부모가 영원히 살지 못하고 떠나기 때문이다. 종교는 언젠가는 자신도 죽는다는 사실을 알기에 선택한다. 마찬가지로 사람들이 종신보험에 가입하는 이유도 자신이 사망한 후에 남겨진 사람들을 걱정하기 때문이다. 스티브 잡스가 "죽음은 신이 발명한 가장 위대한 발명품"이라고 말한 것도 그런 까닭이다. 종신보험의 기본 전제는 가족사랑이다. 그것이 더 확대되면 인간사랑이 된다. 그런 면에서 종신보험은 종교와도 통한다.

요즘은 생명보험을 선택이 아니라 필수로 생각하는 사람들이 늘고 있다. 사망은 우리가 선택할 수 있는 문제가 아니다. 선택할 수 없는 것에 대한 대비이기 때문에 당연한 것으로 인식하고 행동해야 한다. 그러나 아무리 당연한 것이라고 하더라도 강요할 수는 없다. 일반인들은 사망을 남의 일처럼 생각한다. 그러나 종교인들은 사망을 가깝게 받아들인다. 그렇기 때문에 종신보험의 혜택을 제대로 알려주면 일반인보다 더 쉽게 받아들인다. 좋은 정보를 주고 본인들이 판단하게 하는 것이 중요하다.

● **종교인 생명보험의 특징 및 접근방법**

종교인들은 신념과 가치관이 남다르다. 생명보험은 신념과 가치관에 크게 좌우되기 때문에 종교인들과 잘 맞지만 때론 거부감을 주기도 한다. 신발이 누구에게나 필요하지만 아무에게나 맞지 않는 것처럼 종신보험도 누구에게나 필요하지만 누구나 가입하는 것은 아니다.

천주교는 모든 것을 교단 자체적으로 관리해 주고 신부님, 수녀님은 책임져야 할 가족이 없다. 그래서 종신보험의 니즈가 적지만 사망보험금을 단체에 기부한다면 또 다른 니즈가 될 수 있다. 스님들은 대부분 본인들이 직접 리스크에 대비해야 한다. 종단에서 관리하는 경우는 극히 일부에 불과하다. 특히 사망하게 되면 장례비와 사후의 종교적 행사에 큰돈이 필요한 경우가 많다.

스님들은 다른 사람에게 부담을 주는 것을 극도로 싫어한다. 이때 부담이 넘어가는 것을 막아주는 안전장치가 종신보험의 주기능이라서 스님과 잘 맞는다. 단, 불교는 인연과보(因緣果報) 즉 원인에 따른 결과가 어느 정도 정해져 있다고 생각한다. 그래서 종신보험을 인위적인 것으로 생각하여 거부반응을 보일 수 있으므로 이 점에 유의해야 한다.

기독교의 경우는 신앙적으로 하나님을 믿는다는 점 외에는 일반인들과 마찬가지로 생업에 종사하며 가족을 부양해야 한다. 다만 종신보험에 가입하는 것을 믿음이 부족한 사람들의 행동이라고 부정적으로 생각할 수 있다. 그럴 때는 이런 이야기를 들려준다. 한 신도가 자식이 아픈 데 병원에 보내지 않고 하나님께 기도만 했다. 결국 아이가 죽자 신도는 하나님을 원망했다.

"하나님, 왜 제 기도를 들어주지 않으셨나요?"

그러자 하나님께서 이렇게 대답하셨다.

"내가 네 기도를 듣고 의사를 보내지 않았더냐?"

사람이 할 수 있는 일을 다 하고 나머지는 신께 맡기는 것이 올바른 신앙인의 자세라는 점을 설득해야 한다.

위에서 살펴본 바와 같이 같은 내용이라도 각 종교인들의 신념에 맞게 설명해야 한다. 그래야 거부감이 들지 않는다. 어떤 세일즈맨은 종교인에게 접근조차 하지 않지만, 어떤 세일즈맨은 종교인을 유망한 고객으로 생각하고 접근한다. 종교인들은 믿음을 가진 사람들이라서 일반인을 상대할 때와 다른 유리한 점이 있다. 일단 믿음만 주면 보험도 신뢰할 가능성이 높다.

● **실제 사례**

**고객:** 신앙을 가진 분들은 생명보험에 대한 생각이 다르죠?

**세일즈맨:** 맞습니다. 개인마다 생명보험에 대한 생각은 모두 다릅니다. 그런데 최근에 만난 분들 중에는 종신보험이 필요하다는 생각을 가진 분들의 숫자가 점점 늘어나는 추세입니다. 저의 고객 중에는 목사님도 계시고, 스님도 몇 분 계십니다.

**고객:** 스님이 왜 생명보험에 가입하죠?

**세일즈맨:** 일반인들은 그렇게 생각하십니다. 그런데 법정스님 아시죠? 《무소유》라는 책을 쓰신 베스트셀러 작가분입니다. 그분이 돌아가시기 전에 모든 것을 정리하여 빚도, 재산도, 아무것도 남기지 않겠다고 하시면서 2010년 돌아가셨습니다. 그런데 마지막 중환자실 병원비가 6천만 원이 나왔는데 그걸 누가 결제했는지 아세요? 대기업 회장의 사모님이 결제했습니다. 스님들이 생명보험 설명을 들으시면 자신들에게 꼭 필요한 상품이라고 하십니다. 그 이유는 더 이상 남에게 피해를 주지 않겠다고 배려하는 마음에 딱 맞는 상품이기 때문이죠.

목사님들도 생각이 다양합니다. 하나님께서 언제 데려가실지 모르는데 거역할 수도 없으니, 가족들을 생각해서 준비해야겠다는 분도 있고, 그저 모든 것을 하나님께 맡긴다는 분도 있습니다. 은총에는 두 가지 종류가 있습니다. 일반은총은 햇볕이나 공기와 같이 누구나 공평하게 받는 은총입니다. 특별은총은 믿는 사람들만 받는 구원의 은총입니다. 생명보험은 일반은총에 해당하는 좋은 제도입니다. 사람이 할 수 있는 것을 한 다음에 하나님을 찾는 것이 하나님에 대한 예의 아닐까요? 그래야 하나님이 주신 달란트를 활용할 수 있으니까요. 모든 것을 하나님께서 해결해 주신다면 교회 십자가에 피뢰침을 만들 필요가 없습니다. 생명보험은 가족을 위해 준비했다가 본인들이 활용할 수도 있고, 다른 좋은 일에 사용할 수도 있습니다. 선진국에서는 본인이 고아원을 후원하고 있다면 사망으로 갑자기 후원이 중단되는 경우까지 대비합니다. 즉, 사망 후에도 일정 기간 후원이 지속되는 보장프로그램을 준비합니다. 후원이 갑자기 중단되어 원우들이 어려워질 경우 차라리 처음부터 안 도와 주는 것만도 못할 수가 있습니다. 수익자를 가족으로만 한정 짓는 생각의 틀을 깨면 종교인들에게도 종신보험의 활용방법이 많습니다.

고객인 신도의 소개로 가입한 50대 스님은 항상 "나는 누구에게도 폐를 끼치지 않고 조용히 이 세상을 떠날 겁니다." 라고 말씀하셨다. 스님인지라 자녀가 없어서 동생을 수익자로 선택했다. 그로부터 5년 정도 지난 후에 동생으로부터 연락이 왔다. 폐암으로 위독하시다는 것이었다. 병원으로 달려가 보니 이미 암세포가 뇌까지 전이되었다. 간병인을 2명이나 고용해서 24시간 간병을 받으시던 스님은 얼마 후 세상을 떠나셨다. 불행 중 다행인지 병원비는 암 특약 보장금액으로 충당하고 사후에 절에서 소요되는 비용은 사망보험금으로 해결했다. 동생은 스님을 보낸 후

"우리 스님은 평소에 폐를 끼치지 않고 떠난다고 말씀하셨는데 그 약속을 종신보험이 지켜주었네요."
라고 이야기했다.

종신보험은 고아부터 한 가정의 가장까지, 청소부부터 전문직인 의사·변호사까지, 일반인부터 종교인인 목사님, 스님에게까지 필요하지 않은 경우는 없다. 선입견의 벽을 넘으면 끝없는 아이스오션이 펼쳐진다.

에필로그

'송나라 때 화가를 뽑는 시험문제로 '꽃(花)과 말(馬)을 그리는 문제'가 출제되었다. 그런데 말이 꽃밭에서 뒹굴고 있는 모습을 사실적으로 그린 그림들은 탈락하고 뜻밖의 그림이 장원에 뽑혔다. 그 그림 속에 꽃은 등장하지 않았다. 들판에서 뛰놀고 있는 말의 뒷발굽을 나비가 따라다니는 그림이었다. 즉 말의 뒷발굽에 묻은 꽃향기에 취해 주변의 나비들이 따라다니는 장면이었다.

눈에 보이는 꽃을 그리는 사람은 보통의 화가다. 나비를 통해 눈에 보이지 않는 꽃을 그릴 줄 알아야 진정 뛰어난 화가다. 종신보험도 마찬가지다. 사망보장을 팔 때 죽음만 이야기하는 세일즈맨은 보통의 세일즈맨이다. 가족에 대한 사랑, 자녀들의 소중한 꿈, 그리고 삶을 통해 죽음의 가치를 이야기하는 세일즈맨이 고객의 마음을 움직일 수 있다.

사망보장은 고객의 삶을 이야기하지 않고는 결코 판매할 수 없다. 종신보험 세일즈를 시작한 후 나는 삶의 진정한 의미를 찾아 히말라야와

사하라 사막과 남극을 다녀왔다. 히말라야를 오르면서는 겸손함을 배웠다. 인생에도 오르막이 있으면 내리막이 있다. 사하라 사막을 건너면서는 도전을 배웠다. 인생이란 스스로 길을 만들어 나가는 과정이 아니던가! 올해 초 남극을 다녀오면서는 희망을 배웠다. 아무것도 살지 못할 것 같은 차디찬 북극의 바다속과 남극의 동토에도 수많은 생명체들이 살아가고 있다. 이렇게 깨달은 삶의 의미를 나는 종신보험을 통해 고객들에게 전하고자 한다.

종신보험 세일즈맨으로 살아온 지금까지 나는 선배들로부터 받은 자산을 후배들에게 전해주는 메신저 역할을 해왔다. 종신보험을 통해 배운 가족사랑, 인간사랑의 가치를 그대로 후배들에게 전해주었을 뿐인데 어느새 내가 성장해 있었다. 그 동안 내가 걸어온 발자취를 이 책에 고스란히 담았다. 문득 서산대사의 시가 떠오른다. "눈길을 걸을 때 함부로 걷지 마라. 오늘 내 발자국이 뒷사람에겐 이정표가 되니 (踏雪野中去 不須胡亂行 今日我行蹟 遂作後人程)" 부디 이 한 걸음이 다른 세일즈맨들에게 올바른 이정표가 되기를 간절한 마음으로 기원한다.

책이 출간되기까지 늘 곁에서 격려해 준 가족 그리고 가족 같은 동료, 친구와 지인들이 있다. 그중에서도 아이스오션의 의미가 살아나도록 도움을 준《특허받은 영어학습법》의 저자이자 오랜 친구 이강석, 따뜻한 격려와 정확한 글 교정을 도와주신 조화자 님, 옆에서 좋은 영감과 아이디어를 끊임없이 제공해준 동료 이승환, 김동욱, 가족처럼 관심을 가져주는 신주섭, 정병화, 정영한, 본인이 종신보험 세일즈의 멘티라고 하지만 오히려 내가 더 많은 것을 배우며 같은 길을 걷고 있는 동료 한종헌 님, 그리고 꿈 친구인 성공작 동료들과 출간의 기쁨을 나누고 싶다. 특히 탁월한 능력으로 책이 마무리될 때까지 도움을 준 백건필 작가에게 고맙다는 말을 전한다. 나비를 통해 꽃을 묘사할 줄 아는 작가다.

일사 황선찬